Lucia Jay von Seldeneck | Verena Eidel
Carolin Huder

111 Orte in Berlin, die man gesehen haben muss

111

emons:

Bibliografische Information der Deutschen Nationalbibliothek
Die Deutsche Nationalbibliothek verzeichnet diese Publikation in der Deutschen Nationalbibliografie; detaillierte bibliografische Daten sind im Internet über http://dnb.d-nb.de abrufbar.

MIX
Papier | Fördert gute Waldnutzung
FSC® C083411

Redaktion: Carolin Huder
Texte: Lucia Jay von Seldeneck
Fotografien: Verena Eidel
Gestaltung: Eva Kraskes, nach einem Konzept von Lübbeke | Naumann | Thoben
Kartografie: Regine Spohner
Druck und Bindung: CPI – Clausen & Bosse, Leck
Printed in Germany 2024
Erstausgabe 2011
ISBN 978-3-7408-2367-2
Aktualisierte Neuauflage August 2024

Vorwort

Berlin ist schief und krumm, nicht glatt und glänzend und schon gar nicht aus einem Guss. Das wird schnell klar auf der Suche nach den Orten, die Berlin ausmachen. Wo anfangen, in einer Stadt, in der es keinen Anfang und kein Ende gibt? Was ist das Berlinerische an Berlin?

Angefangen haben wir bei den eigenen Lieblingsplätzen – immer zu dritt, immer mit Stadtplan, Kamera und Notizblock. Wir ließen uns treiben bis in die entlegensten Winkel dieser riesigen, spröden und widersprüchlichen Stadt. Und erreichten im Zickzackkurs immer neue Ziele: Wo ist die Bar, in der David Bowie seinen Whiskey bestellte, wie lässt sich der 11. Himmel im Marzahner Plattenbau finden, und wo treffen sich die Flipper-Könige von Berlin?

Bei unseren zahllosen Exkursionen entwickelten wir ein Gespür für lebendige, berlintypische und unerwartete Fundorte. Mit jedem neuen Platz, jeder neuen Straße erlebten wir, dass es auch und vor allem die Menschen sind, die all diese Orte lebendig machen – und ihre Art, die alten und neuen Geschichten zu erzählen. Berlin ist nicht ein Ganzes, sondern ein Vielfaches. In den 111 Fundstücken wohnen Bilder, Geschichten und ganz eigene Stimmungen. In ihnen verrät sich Berlin dem Entdecker.

Am Ende reicht ein einziger Notizblock nicht aus: Jeder neue Ort gibt mindestens zwei nächste Anstöße. Das lässt einen nicht mehr los. Hunger! Wir wollen mehr und immer mehr von diesen Funken. Denn diese Funken sollen ja überspringen! Es gibt keine Regeln und Anleitungen, um Berlin kennenzulernen, man muss einfach nur anfangen. Und dranbleiben. Berlin macht schließlich auch immer weiter – also: Lasst Euch nicht abhängen! Ran an die Buletten!

111 Orte

1 Der 11. Himmel

Das Prinzessinnenzimmer im Plattenbau

Es war die Idee von den Kindern aus dem Wohnblock. Sie wollten der ganzen Welt zeigen, dass Marzahn mehr zu bieten hat als einen schlechten Ruf. Und das ist ihnen gelungen: 2004 richteten die Kinder und Jugendlichen, unterstützt durch den Kinderring Berlin e.V., ganz oben in dem Plattenbau mit der schmucklosen braunen Kieselsteinfassade die »Pension 11. Himmel« ein. Seitdem empfangen sie hier die Gäste, putzen Zimmer und Bäder, bereiten das Frühstück – und zeigen den Besuchern ihren Bezirk.

Den 11. Himmel erreicht man nur zu Fuß, der Fahrstuhl endet im zehnten Stock. Und mit den letzten Treppenstufen betritt man ein Marzahn, das seine Besucher überrascht. Jedes Zimmer in der Pension ist eine Welt für sich – und erzählt eine Geschichte über und aus dem Bezirk. Da gibt es zum Beispiel das »Bett im Kornfeld«. Ringsum an der Wand wiegen sich goldgelb die gepinselten Ähren, dazwischen leuchten Mohnblumen und gegenüber dem Bett steht eine Mühle. Und wenn man aus dem Fenster über die Wohnblöcke hinwegblickt, sieht man wirklich auf Felder, Hügel und Wälder. Marzahn, für viele das Sinnbild für Plattenbau-Tristesse schlechthin, liegt direkt am Stadtrand und ist viel grüner und näher zur Natur als die meisten Bezirke in Berlin. Das weiß kaum jemand.

Die anderen Zimmer in der Pension heißen »Auf-Wolken-gebettet« oder »Prinzessinnenzimmer«. Aber nicht nur Schlafplätze findet man hinter den Türen im Flur: Das »Kaminzimmer« wurde zu Ehren von Prinz Charles eingerichtet, der einmal in Marzahn zu Besuch war. Und in dem »Betonzimmer« haben die Kinder alle Wände freigelegt, sodass man auf der rohen Platte das Datum lesen kann, an dem sie gegossen wurde: 1984.

In dem kleinen Speisezimmer liegt das aufgeschlagene Gästebuch auf der rot-weiß karierten Tischdecke. Ein Eintrag lautet: »Marzahn hat uns überrascht, auf allen Ebenen. Wir kommen wieder!«

Adresse Wittenberger Straße 85, 12689 Berlin-Marzahn | ÖPNV S 7, Haltestelle Ahrensfelde; Tram 16, 18, Haltestelle Niemegker Straße | Öffnungszeiten Hochhauscafé Mo–Fr 10–18 Uhr, Tel. 030/93772052 | Tipp Das Marzahner Matterhorn: Der Kletterfelsen aus recycelten Abriss-Platten an der Kemberger Straße bringt es immerhin auf 17,5 Höhenmeter (Kletterausrüstung mitbringen!).

2 Alt-Lübars

Entschleunigung erhalten

Stadtauswärts ziehen in Sekundenschnelle Tankstellen, Baumärkte und Fast-Food-Läden an der großen Straße vorbei. Doch mit einem Mal wird die Geschwindigkeit jäh ausgebremst: buckeliges Kopfsteinpflaster, lang gezogene einstöckige Häuser, Pferdegeruch. Man ist darauf nicht vorbereitet: In Alt-Lübars steht man plötzlich, umgeben von Feldern und Wiesen, mitten auf einem alten Dorfanger.

Alte Dorfkerne hat diese Stadt wie sonst keine. Berlin schaffte es schließlich erst spät zur Metropole – und das vor allem durch einen Trick: Mit der Gründung von Groß-Berlin verleibte es sich 1920 mit einem Schlag 59 Landgemeinden, 27 Gutsbezirke und sieben Städte ein. Damit war es von einem Tag auf den nächsten 14-mal so groß wie vorher und nach New York und London die drittgrößte Stadt der Welt – bestand aber nach wie vor größtenteils aus Dörfern und Land. Und heute sind diese alten Ortskerne immer noch Mittelpunkt des Geschehens. Die Dorfstraßen sind zu den Haupteinkaufsstraßen in den Bezirken geworden, man bekommt alles vor Ort – und muss nicht »nach Berlin« fahren, wie es dann heißt.

Nur in Alt-Lübars hat sich das Bild nicht verändert. Dank einer Initiative im Dorf gibt es keinen Supermarkt am Kirchplatz und keinen Drogeriemarkt neben dem Alten Dorfkrug. Bis heute ist das Leben hier von der Landwirtschaft geprägt. Zu Westberliner Zeiten galt Alt-Lübars als etwas nahezu Exotisches – in der ummauerten Großstadt kamen die Berliner hierher, um den Bauern bei der Arbeit zuzusehen. Als das Dorf dann zum Denkmal erklärt wurde und die Umgebung unter Landschaftsschutz gestellt war, bedeutete dies das Ende für die Höfe. Doch in Alt-Lübars hat man eine Lösung gefunden, um das Dorf und die Idylle zu retten: Die alten Bauernhöfe wurden in Reitställe umfunktioniert, und heute leben rund um die alte Kirche 150 Menschen – und gut 300 Stuten, Hengste und Wallache.

Adresse Alt-Lübars, 13469 Berlin-Reinickendorf | ÖPNV Bus 222, Haltestelle Alt-Lübars | Tipp Der Kräuterhof Lübars: Am Dorfanger werden Kräuter, Obst und Gemüse direkt von den umliegenden Feldern verkauft.

3 Das AVUS-Motel

Wo die Rekorde gehalten werden

Wie eine tosende Brandung rauscht der Verkehr um die stillgelegte Nordkurve der »Automobil-Verkehrs- und Übungs-Straße«, besser bekannt als: die AVUS. Die Insel inmitten der Stadtautobahn ist nur über eine eigene Ausfahrt oder durch einen Tunnel vom nächstgelegenen S-Bahnhof zu erreichen. Hat man den Durchschlupf gefunden, kann man bequem auf der breiten, leicht schrägen Asphaltkurve entlangspazieren, auf der früher einmal Rekorde gemacht wurden. Im Inneren der Kurve, wo heute die Lkws dicht an dicht parken, ließen sich damals bei den Autorennen bis zu 50.000 Zuschauer vom Rausch der Geschwindigkeit mitreißen.

Am Rand der Nordschleife steht der frühere Mercedes-Aussichtsturm, heute das AVUS-Motel. Der Ausblick von den vier umlaufenden Galerien ist der gleiche geblieben: Die Autos brausen vorbei und verschwinden am Ende der schnurgeraden Straße als kleine Punkte in der Ferne. Auf der anderen Seite der Autobahn steht die Tribüne, allerdings heute mit verlassenen Bankreihen und leeren Fahnenmasten.

Wehmütig erinnert man sich im Motel an die Zeit, als hier an der Nordkurve Motorrennsport-Fans aus der ganzen Welt zusammenkamen. Noch in den 1990er Jahren wurden auf der geraden Strecke Rennen gefahren. Heute sitzen Trucker und Messearbeiter im Gastraum. Durch die gekippten Fenster hört man die Autos vorbeizischen. Aber es ist kein trostloser Ort – denn er erzählt von Höchstleistungen und Triumphen: Auf den Tischen sind Zeitungsausschnitte und Fotos unter Glasplatten liebevoll zu Collagen angeordnet. Tisch für Tisch kann man hier die Höhepunkte aus der Geschichte der AVUS nachlesen. Einer der größten Momente für viele Berliner war es sicherlich, als 1921 die 19 Kilometer lange Rennstrecke für alle freigegeben wurde. Eine Fahrt über die glatte Strecke ließen sich die Leute was kosten: zehn Mark für eine einfache Fahrt – oder ein Abo für ein Vierteljahr für 1.000 Mark.

Adresse A 115, Ausfahrt Messedamm, 14057 Berlin-Charlottenburg | ÖPNV S 9, S 75, Haltestelle Westkreuz; Bus 219, Haltestelle Messegelände | Tipp Das versteckte AVUS-Denkmal: Hinter dem Parkplatz, ein Stück weiter an der Autobahn entlang, erreicht man den Gedenkstein an der Rennstrecke.

4 Die Barbrücke in der Nacht

Mutprobe unter Sternen

Folgt man der bescheidenen Barstraße vom Fehrbelliner Platz aus nach Süden, geht es vorbei an Siedlungsbauten der Vor- und Nachkriegszeit bis zum Wilmersdorfer Friedhof.

Am Ende der Friedhofsmauer kann man sie schon sehen: die Barbrücke.

Hören kann man sie auch: Die Brücke hilft nämlich nicht nur dem Straßenverkehr über den tief liegenden, schmalen Fennsee, sondern auch der U-Bahn. Die Straßenbrücke trägt also unter ihrem Bauch die U-Bahn-Trasse, die hier für einen kurzen Moment oberirdisch verläuft und den Wasserspiegel des Fennsees in regelmäßigen Abständen ein klein wenig zittern lässt.

Nachts liegt die Brücke völlig im Dunkeln. Ans Geländer gelehnt, kann man deswegen hier, was sonst mitten in der Stadt eigentlich nicht möglich ist: in die Nacht eintauchen. Und zwar in eine Nacht, wie man sie nur aus Märchenbüchern kennt: schwarz, schwarz, schwarz. Plötzlich ist sie da, die Urangst vor dem unberechenbaren Dunkel. Den Mutigen sei empfohlen: Das mächtige Brückengeländer ist mindestens handtuchbreit, also breit genug, um sich dort auf den Rücken zu legen und in den Nachthimmel einzutauchen. Unten glänzt still das Wasser in den Überbleibseln der Eiszeit, die hier vor soundso viel Millionen Jahren den Fennsee gegraben hat. Oben erinnert das Licht der Sterne an noch viel mehr Millionen.

Im Frühjahr bis Anfang Juni ist die Stille der Nacht nicht nur durch die unten vorbeifahrende U-Bahn unterbrochen. Der Ort ist nämlich auch seit jeher der Lieblingsplatz für die Nachtigallen der Umgebung, die hier ihre Liebeslieder schmettern und schluchzen. Für die empfohlene Übung der Entrückung sollte man sich also unbedingt die Zeit des Frühlings vormerken. Das ist ja auch die Zeit des Tatendrangs, und den braucht man unbedingt, um sich von dem Ausflug ins Unendliche wieder loszureißen.

Adresse Barstraße, 10713 Berlin-Wilmersdorf | ÖPNV S 41, S 42, S 46, U 3, Haltestelle Heidelberger Platz; Bus 101, 249, Haltestelle Am Volkspark | Tipp Nachtwandern: Am Ende des Parks liegt hinter dem großen Ententeich der beleuchtete U-Bahnhof »Rathaus Schöneberg« – er ist einer der schönsten in der Stadt.

5 Die Berberitze an der Panke

Heilende Kräfte früher und heute

Wedding ist nicht bekannt als ein Ort der Idylle. Es ist der Stadtteil Berlins, in dem das Proletariat Geschichte machte – doch dem Arbeiterbezirk fehlt die Arbeit. Das Weddinger Straßenbild ist geprägt von türkischen Großfamilien, Eckkneipen mit 24-Stunden-Betrieb und Nagelstudios. Aber es gibt einen idyllischen Fleck im sonst eher rauen Nordwesten der Stadt: die Panke. An ihrem Ufer, dort, wo im 18. Jahrhundert eine Heilquelle die Berliner in das Luisenbad vor den Toren der Stadt zog, lässt sich heute ein zu Unrecht kaum bekanntes Heilmittel finden: die Berberitze.

Die Panke fließt auf der Höhe Travemünder Straße unter der Badstraße hindurch. Zuerst muss man sie regelrecht suchen, denn in den Dimensionen der Großstadt mit fünfstöckigen Mietshäusern, vierspurigen Straßen und Doppeldeckerbussen hat das Flüsschen mit seinen geschwungenen Brücken fast keine Berechtigung, ein Fluss zu sein. Läuft man den Uferweg von der Badstraße Richtung Norden, überrascht ein verstecktes Prunkgebäude auf der rechten Seite: KAFÈ KÜCHE steht auf der alten Fassade einer ehemaligen Vergnügungsstätte. Heute ist es die Stadtbücherei, und es lohnt sich, im Inneren die Bilder von dem früheren Luisenbad anzusehen.

Weiter dem Bächlein folgend, rücken Stadt und Lärm immer mehr in die Ferne – und andere Dinge werden wichtig. Hinter der Osloer Straße findet sich auf der linken Uferseite nach ungefähr 100 Metern linker Hand die Entdeckung an der Panke: eine Berberitze von ungefähr drei Metern Durchmesser. Die säuerlichen roten Beeren an dem üblicherweise als Hecke zurechtgestutzten Strauch wurden in Notzeiten oft als Zitronenersatz verwendet. Marmeladen gibt die Berberitze eine säuerliche Note. Nicht nur viel Vitamin C, sondern auch heilende Wirkung werden Beere und Wurzelrinde zugesprochen. Aber Achtung: Blüten und Blätter sind giftig! Erntezeit: ab Ende September.

Adresse Travemünder Straße / Badstraße, 13357 Berlin-Wedding | ÖPNV U 8, Haltestelle Pankstraße oder Osloer Straße; Bus 125, 128, 150, 255, Haltestelle U-Bahn Osloer Straße | Tipp Mundraub: Wer auf den Geschmack gekommen ist, findet unter www.mundraub.org noch mehr wilde Obstbäume in Berlin.

6 Der Berliner Balkon

Und davor der Sommer

Wie aufgefädelt auf einer Schnur bewegen sich die Autos gleichmäßig aus der Stadt hinaus. Hier ist Berlin zu Ende. Die Bundesstraße ist gesäumt von Baumarkthallen und Neubausiedlungen. Und dazwischen wie eingerahmt von all den Stadtrandscheußlichkeiten ein Blick über Felder, Wälder und Seen bis hin zu den Müggelbergen ganz im Süden. Der Berliner Balkon hat seinen Namen für diesen Ausblick verdient: Auf dem Plateau der Barnimer Hochebene leuchten unzählige Tupfer von blauen Kornblumen und rotem Mohn am Feldrand, dahinter erstreckt sich das Berliner Urstromtal in sattem Grün.

Den Berlinern ist ihr Balkon ganz allgemein heilig. Der Balkon – das ist das Stück Freiheit, das jedem zusteht. Es gibt keine Vorschriften für die Gestaltung oder Nutzung. Deshalb gilt: entweder ganz oder gar nicht! Aber alle verbindet eine gemeinsame Philosophie, die auch mit einer neuen Wortschöpfung einhergeht: Balkonien. Es beschreibt dieses Gefühl, hinaustreten zu können, durchzuatmen und die Füße aufs Geländer hochzulegen.

Auch in dieser Hinsicht wird der mächtige Balkon am Stadtrand seinem Namen gerecht. Er strahlt vor allem Ruhe aus. Schließlich entstand er vor Millionen Jahren. Und seitdem ist er, was Balkone eben hauptsächlich sind: ein Übergang zwischen drinnen und draußen, zwischen privat und öffentlich oder eben wie hier: zwischen Stadt und Land. Und der Blick über diesen sanften Abhang, Berlins steilstes Gefälle, macht jedem einmal mehr bewusst: Was wäre ein Sommer in Berlin ohne all das? Die grünen Flächen, der endlose Himmel und vor allem die vielen kleinen und großen Seen. Tief in den Wäldern oder Wiesen gelegen, sind sie der wahre Quell für die Berliner. Kein Bergwandern, kein Strandurlaub bringt dem gestressten Städter eine tiefere Entspannung als das Schwimmen inmitten eines ruhigen, einsamen Sees. Man spürt den Sommer mit allen Sinnen – bis man selbst zum Teil davon wird.

Adresse Alt-Mahlsdorf, Höhe Hotel »An der Weide«, 12623 Berlin-Hellersdorf | **ÖPNV** S 5 Haltestelle Mahlsdorf (10 Minuten Fußweg) | **Tipp** Panoramaweg: Die Wanderroute am Barnimhang entlang führt durch drei historische Ortskerne: Alt-Biesdorf, Alt-Kaulsdorf und Mahlsdorf.

7 Das Berliner Zimmer

Ein eroberter Freiraum

Ganz am Ende des Flures liegt diese Berliner Besonderheit. Es ist eine Art Übergangsort, ein undefinierter Zwischenbereich, ein Freiraum mitten in dem rationellen Gründerzeithaus. Ende des 19. Jahrhunderts wurden in Berlin die Wohnungen häufig nachträglich mit einem Durchbruch in den Seitenflügel vergrößert. Es geht hier um dieses Stück Flurverlängerung, über das man damals Küche und Mädchenkammer erreichte. Die Berliner Zimmer verbanden die repräsentativen Räume der Wohnung mit dem profanen hinteren Bereich, also dem Teil, den die Herrschaften eigentlich nicht betraten. Und das machte es auch so schwer, eine Funktion für dieses lang gestreckte Durchgangszimmer zu finden, das zu allem Überfluss auch noch dunkel war, da das einzige Fenster ganz hinten in der Ecke zum Hof hinausging.

So ähnlich muss es auch Familie Heyn gegangen sein. Stuhlrohrfabrikant Fritz Heyn ließ dieses Haus 1893 bauen und zog mit seiner Frau und den 16 Kindern in die vornehme Beletage ein. Heute geht man durch die Räume in der Pankower Museumswohnung und staunt: Barocker Goldstuck, prächtige Deckenmalereien, Kachelöfen mit golden verzierten Fliesen, Kronleuchter – alles schlummert zum eigenen Schutz hinter vorgezogenen Vorhängen. Und wenn man am Ende um die Ecke kommt, erschließt sich einem auch die Bedeutung des Berliner Zimmers für die Bewohner.

Nach und nach wurde dieser Raum im Hause Heyn, wie in so vielen Berliner Wohnungen, zum Mittelpunkt des Geschehens. Schließlich speiste man nicht täglich im Salon oder saß im Herrenzimmer zusammen. Das blieb besonderen Anlässen vorbehalten. Das Berliner Zimmer mit dem kunstvoll bemalten Linoleumboden wurde zum Ess- und Wohnzimmer. Und sogar noch mehr: Das erst so vernachlässigte Flurmittelstück lief den Vorzeigeräumen den Rang ab: Die Stimmung hinten war einfach gemütlicher, das Licht schummriger – man fühlte sich freier.

Adresse Museumswohnung Pankow, Heynstraße 8, 13187 Berlin-Pankow | **ÖPNV** S 1, S 25, S 85, Haltestelle Wollankstraße; S 2, S 8, S 9, U 2, Haltestelle Pankow; Bus M 27, 250, Haltestelle Görschstraße | **Öffnungszeiten** Di, Do, So 10–18 Uhr, Tel. 030/4814047 | **Tipp** Der ehemalige Güterbahnhof Pankow-Heinersdorf: Frei zugänglich für Flora, Fauna und Entdecker sind das alte Rundhaus, der große Lokschuppen und das Verwaltungsgebäude am S-Bahnhof Pankow.

8 Der Bieberbau

Zu Gast bei einem Meister

Wer er ist, weiß man nicht. Mit sich und der Welt zufrieden, feixt er einen an, sein Blick ist vom glücklichen Rausch erfüllt. Über ihm turnen zwei Affen auf einem Holzbalken. Sie schielen auf die Tische, als würden sie im nächsten Augenblick neben die Teller springen und sich über das Essen hermachen.

Doch sie verharren mit gierigem Blick – denn sie sind aus Gips. Genau wie so viele andere hier im Raum: wie die Kuh, die zwischen den Fachwerkbalken herausguckt, und wie die griechischen Götter, die sich auf der Wand gegenüber zwischen Zypressen und Säulen tummeln. Nicht einmal die schwarz bemalten Holzbalken des Fachwerks auf der Mauer sind echt. Es gibt einen Grund, warum hier in dem Wilmersdorfer Restaurant jede Wand bis unter die Decke hin geschmückt ist. Hier befanden sich einst Werkstatt und Ausstellungsraum des Hofstuckateurmeisters Richard Bieber. Mit seinen Gesellen schuf dieser Ende des 19. Jahrhunderts in den Innenräumen und an der Fassade des Hauses diese beeindruckenden Welten mit Profil. Gleich zweimal hat sich Bieber auch selbst in den Fabelwelten verewigt.

Auch später blieb dieses Haus ein Künstlerhaus. Im 20. Jahrhundert zogen unter anderem Max Pechstein und Ernst Ludwig Kirchner ein – und die prunkvoll geschmückten Räume im Vorderhaus wurden zum Bieberbau, zur Kneipe, in der sich die Berliner Künstlerszene traf. Die Pracht des bürgerlichen Wohlstands überlebte die Zeit. Sie überlebte nicht nur die sogenannte »Entstuckung« in den 1920er Jahren, als man jeden Schnörkel als störend empfand. Die Ranken und Figuren im Bieberbau überlebten auch wie durch ein Wunder den Bombeneinschlag während des Krieges, bei dem die Fassade des Hauses vollständig zerstört wurde.

Hat man genug von den alten Zeiten, der Mythologie und den Weingöttern, dann kann man sich dem Essen hingeben. Die Menüs im Bieberbau sind vom Feinsten – und voller Überraschungen: Aus den drei Gängen werden hier auch schon mal sechs, sieben oder acht.

Adresse Durlacher Straße 15, 10715 Berlin-Wilmersdorf | ÖPNV S 41, S 42, S 46, U 9, Haltestelle Bundesplatz; Bus 248, Haltestelle Wexstraße | Öffnungszeiten Mo–Fr 18–24 Uhr, Reservierungen unter 030/8532390, www.bieberbau-berlin.de | Tipp Das Rias-Funkhaus: die Straße weiter bis zum Hans-Rosenthal-Platz. Heute sitzt in dem denkmalgeschützten Gebäude am Volkspark das Deutschlandradio.

9 Der Bierpinsel

Ein Zeit-Zeichen

Kantig, klobig und, zugegeben, irgendwie unförmig erhebt er sich an dem Verkehrsknotenpunkt über der doppelspurigen Steglitzer Einkaufsmeile. Die Schloßstraße liegt hier, wo sich die Autobahnauffahrt wie ein Koloss über sie legt, in einem ewig dunklen Schatten. Aber darüber thront wie eine riesige Gondel am Stiel: der Bierpinsel.

Zu der Eröffnung des roten Turms 1976 gab es ordentlich Freibier – und von dem Moment an hatte das neue Steglitzer Wahrzeichen auch einen Namen. Das Projekt »Turmkunst 2010« hat sich eine Belebung des schon totgesagten Turmes vorgenommen, die drei Etagen leuchten vorübergehend in allen Farben. Und immerhin: Die knalligen Motive auf der Außenfläche des Turms haben es geschafft, dass die Berliner den Bierpinsel zumindest wieder wahrnehmen. Denn er schien mit seinem längst vergangenen Schick der modernen Poparchitektur schon seit Jahren in Vergessenheit geraten zu sein. Er war irgendwie übriggeblieben. Ein Betreiber für das Restaurant findet sich schon seit Jahren nicht mehr.

So geht es den meisten Gebäuden aus dieser Zeit. Sie scheinen keine Lieblinge zu sein. Es gibt nicht einmal einen richtigen Namen für diesen Stil der Berliner Nachkriegsarchitektur. Derzeit scheint sich aber doch ein Begriff durchzusetzen, der gleichsam von Fans wie von Gegnern verwendet wird: die Berliner Restmoderne. Die Architekten Ralf Schüler und Ursulina Schüler-Witte entwarfen den Bierpinsel und in gleichem Stil auch einige weitere Wahrzeichen für die Stadt, wie zum Beispiel das Internationale Congress Centrum, kurz ICC. Und auch wenn viele diesen Stil als »Betonmoderne« und »Brutalismus« schmähen und am liebsten aus dem Stadtbild löschen möchten: Diese Bauwerke werden mit Sicherheit noch Bewunderer haben, wenn Teile des Potsdamer Platzes oder die vielen Schuhkarton-Shoppingcenter am Alexanderplatz schon längst vergessen sind.

Adresse Schloßstraße 17, 12163 Berlin-Steglitz | ÖPNV U 9, Haltestelle Schloßstraße; Bus M 48, M 85, 186, 282, Haltestelle U-Bahn Schloßstraße | Tipp Der U-Bahnhof Schloßstraße: Entworfen von den Architekten des Bierpinsels, ist der Bahnhof mit seinen Formen, Farben und Strukturen eine wahre Zeitreise in die 1970er Jahre.

10 Das Boulodrome Kreuzberg

Neulinge ins Katzenklo

»Sauber!«, »Nicht schön, gar nicht schön« und »Jetzt kühl dich ma' wieder ein bisschen ab«. Die Sprüche dienen hier vor allem als Ablenkung von der vorherrschenden hochkonzentrierten Anspannung, die aber auch im nächsten Moment wieder wie weggepustet ist, nämlich dann, wenn die Kugeln alle auf dem Schotter gelandet sind. Nun kommt Bewegung in die Spieler auf der Boulebahn, sie lachen, trinken einen Schluck aus der abgestellten Flasche, schütteln die Hände, klopfen sich auf die Schultern und sammeln dabei ihre silbernen Kugeln vom Boden auf. Aber sobald das kleine Cochonnet wieder auf der Bahn landet, ist wie auf Kommando Schluss mit dem Scherzen und Herumalbern, und alle Blicke folgen wieder mit angemessener Könnermine den Wurfbahnen durch die Luft.

Das Boulodrome in Kreuzberg ist stetig gewachsen und hat inzwischen 15 Bahnen, immer drei nebeneinander. Trotzdem muss man bei gutem Wetter oft warten, bis eine Bahn frei wird. Das wird aber keineswegs langweilig, denn währenddessen kann man die verschiedenen Typen auf dem Bouleplatz beobachten: Da gibt es zum einen den Profi, der mit einem einzigen prüfenden Blick entweder seine Kugel direkt neben das Schweinchen befördert oder aber eine andere Kugel mit dem Aufprall seiner eigenen Kugel gekonnt an den Rand befördert. Der Profi kommentiert nicht viel, er weiß, dass er ein Könner ist. Dann gibt es noch den Poser: Er wiegt die Kugel in der Hand ab, lockert die Schulter, dehnt den Arm, setzt an, zielt, blickt sich in der Runde um – und wirft.

Und dann, ja dann gibt es noch den Anfänger, der erstens keine Ahnung von den Regeln hat und zweitens beim Werfen eine miserable Figur abgibt. Für diese Gruppe gibt es im Boulodrome das so genannte Katzenklo: die Bahnen 13 bis 15. Dort liegt besonders viel Kies – und die stümperhaft geworfenen Kugeln kullern nicht unnötig in der Gegend herum oder stören gar die Spiele auf der Nachbarbahn.

Adresse Paul-Lincke-Ufer/Forsterstraße, 10997 Berlin-Kreuzberg | ÖPNV U 1, Haltestelle Görlitzer Bahnhof; U 8, Haltestelle Schönleinstraße; Bus M 29, Haltestelle Ohlauerstraße | Tipp Gut dabei: Auf dem Weg kann man in der Weinhandlung Les Caves am Maybachufer 10 einen guten Wein erwerben. Dann stimmt das Sommer-Freizeit-Feeling am Kanalufer.

11__Der Boxclub

Integrationstraining

Die Potsdamer Straße macht keine Pause. Es ist immer was los. Zwischen dem Gemüseladen Eurogida und dem Handygeschäft Chip & Mobil prangen auf einem blauen Schild die beiden Worte: Wir aktiv. Darunter steht zur Erklärung: Boxsport & mehr. Jeder hier in der Potsdamer Straße weiß, wer Isi ist. »Deshalb heißt mein Club auch kurz: Isigym.« Izzet Mafratoglu lacht und prüft die Spannung auf den Seilen am Ring. Dann zeigt er die Trainingsräume, die in dem ehemaligen Parkdeck eine Etage höher eingebaut sind. Sie sind sein ganzer Stolz. »53-mal Gold für Deutschland.« Er macht eine Pause. Er weiß, dass dieser Satz wirkt. »Gerade letzte Woche haben wir wieder einen Gold-Pokal nach Hause gebracht.«

Nach Hause – das ist für Izzet Mafratoglu schon immer die Potsdamer Straße gewesen. Hierher kam er, als er zwei Jahre alt war. Er wuchs bei seinem Onkel und seiner Tante mit deren 15 Kindern auf. Mit zehn Jahren brachte ihn sein Onkel zum Boxtraining. »Und ich wusste sofort, das ist es!« Izzet Mafratoglu strahlt. »Boxen, das ist der sozialste Sport, den ich kenne«, erklärt der 54-jährige Trainer ernst. »Und was noch wichtiger ist: Boxen bringt einem die wichtigste Lektion fürs Leben bei, nämlich: Wenn man fällt, muss man wieder aufstehen – und zwar schnell!«

Die eigentliche Mission von Izzet Mafratoglu aber ist – das wird während des Rundgangs im Boxclub immer deutlicher: Er kümmert sich um die Kinder und Jugendlichen aus seinem Viertel. So, als wären es seine eigenen. »Ich lasse mir jedes Zeugnis zeigen«, sagt er ernst. Und wenn es nicht gut genug ist, dann gibt es entweder Nachhilfe – oder eben manchmal auch weniger Training. Bis die Noten wieder stimmen.

Im Ring ist Integration Wirklichkeit. Aber das passiert nicht von allein. Deswegen heißt das Motto des Vereins auch, kurz und unmissverständlich: »Wir aktiv!«

Adresse Potsdamer Straße 152, 10783 Berlin-Schöneberg, www.boxverein-berlin.de | **ÖPNV** U 2, Haltestelle Bülowstraße; Bus 106, 187, M 48, M 85 Haltestelle Goebenstraße | **Tipp** siehe Website für Trainingszeiten| Tipp Little Italy in Schöneberg: Gleich um die Ecke findet man einen der wenigen authentischen und alteingesessenen Italiener der Stadt. Hier kocht noch la Mamma, während sich der Patrone um die Gäste kümmert, Centro Sud, Bülowstraße 10, 10783 Berlin.

12 Der Bücherwald

Eine Leseempfehlung

Sie fallen nicht weiter auf. Sie stehen am Straßenrand, als wären sie schon immer da gewesen und als blieben sie auch für immer: fünf dicke alte Baumstämme.

Aber irgendetwas stimmt nicht mit ihnen. Innerhalb von nur fünf Minuten werden die alten Bäume von einem Herrn mit Hund, zwei Italienern mit Rucksäcken und einem älteren Pärchen zielstrebig angesteuert und von allen Seiten aufmerksam begutachtet. Dabei wandern alle mit leicht schräg gehaltenen Köpfen am Stamm entlang, immer von oben nach unten. Denn im Inneren der Bäume hinter durchsichtigen Plastikklappen gibt es tatsächlich was zu sehen: Bücher. Sie stehen in den kleinen geschnitzten Fächern, und die Menschen, die hier anhalten, nehmen sie heraus, blättern darin – und manchmal wird ein Buch kurz entschlossen in die volle Einkaufstüte gepackt und mitgenommen.

Denn so funktioniert der Kreislauf im Bücherwald: Einer nimmt ein Buch heraus – und ein anderer stellt auf den frei gewordenen Platz ein anderes, das er mitgebracht hat. Dieser Büchertausch ist Teil einer weltweiten Bewegung, die sich »Bookcrossing« nennt. Das Motto: Gib deinen Büchern ein neues Leben – anstatt sie im Bücherregal verstauben zu lassen! Schließlich braucht man ja auch für jede neue Lebenssituation die passende Lektüre. Ein Blick hinter die Klappen beweist die Spannbreite: »Weltall, Erde, Mensch«, »Ökonomie für Pädagogen« und »Die Geliebte des Lords« sind nur drei zufällige Titel aus dem Bücherwald im Prenzlauer Berg.

Und wer es ernst meint mit dem Bücherweitergeben, der kann sein Buch mit einer ID-Nummer versehen, die auf der Homepage der Bookcrosser steht – und kann dann das Buch überall liegen lassen, auf der Bank, in der U-Bahn oder am Badesee. Wenn es einer findet, registriert er – sofern er eingeweiht ist – die nächste Station auf der Internetseite, und so kann die Wanderschaft des Buchs nachverfolgt werden. Doch! Das funktioniert wirklich: www.bookcrossing.de.

Adresse Sredzkistraße / Kollwitzstraße, 10435 Berlin-Prenzlauer Berg | ÖPNV U 2, Haltestelle Eberswalder Straße; Tram M 10, Haltestelle Husemannstraße; Tram M 2, Haltestelle Marienburger Straße; Bus N 2, Haltestelle Sredzkistraße | Tipp Café Anna Blume: Ein wahrer Geheimtipp für selbst gebackenen Kuchen – und vom Tisch am Fenster aus kann man die Büchertauscher beobachten.

13 Die Cafeteria im Bürgeramt

Frische Buletten und Rundumblick

Der freie Blick bis zum Horizont ist eine Erholung für Auge und Geist. Der Sicht über Felder, über einen See oder aufs Meer wird eine beruhigende Wirkung nachgesagt. In der Stadt gibt es einen vergleichbar unversperrten Blick eigentlich nur über den Dächern.

Zum Beispiel in der Cafeteria im Bürgeramt Kreuzberg. Die Einrichtung ist wie in jeder Kantine vor allem eins: zweckdienlich. Schmucklose eierschalenfarbene Vierer-Tische mit dunkelbraunen Holzstühlen, ein Regal mit Zimmerpflanzen als Raumteiler und neben der Essensausgabe die Rollwagen für die Tablettrückgabe.

Das Besondere an dieser Cafeteria gibt es draußen: Himmel. Und zwar in alle Richtungen. Der Blick bleibt kurz an den Kirchturmspitzen oder am Potsdamer Platz hängen – aber dann kann er schweifen. Darunter liegen die rotbraunen Dächer, weiter unten die Straßenschluchten mit den vorwärtskriechenden Mini-Autos und dem geschäftigen Wuseln der Mini-Menschen an den Kreuzungen.

Die Küche hier oben ist hausmännisch. Beliebt sind die selbst gemachten Buletten, die Eintöpfe und natürlich: der Pott Kaffee. Hier oben hat der Latte macchiato auf die Schnelle dem gemütlichen Pott noch lange nicht den Rang abgelaufen.

Und am Tisch gibt es noch ein Schmankerl obendrauf: Auf bestem Berlinerisch wird an den Nachbartischen in allerfeinster Stammtischmanier gewettert und gepoltert. Zum Frühstück sind es vor allem die älteren Menschen aus der Umgebung, die zum Kaffee die vor ihnen ausgebreitete Zeitung kommentieren und das Beste, und hierzu zählen auch die Sonderangebote aus den Supermarktanzeigen, laut vorlesen. Später essen die Mitarbeiter aus dem Haus zu Mittag – und man bekommt unfreiwillig mit, was am Vormittag hinter den Türen auf den langen Fluren alles los war. So verliert man hier oben keineswegs die Bodenhaftung – auch wenn der Blick in die Ferne dazu verleiten könnte.

Adresse Bezirksamt Friedrichshain-Kreuzberg, Yorckstraße 4–11, 10965 Berlin-Kreuzberg | ÖPNV U 6, U 7, Haltestelle Mehringdamm; Bus M 19, 140, Haltestelle Yorckstraße/Großbeerenstraße | Öffnungszeiten Mo–Fr Frühstück 7–11 Uhr, Mittagessen 11–15 Uhr | Tipp Der Kreuzberg: Den Mehringdamm bis zur Kreuzbergstraße laufen und dann den Kreuzberger Gipfel im Viktoriapark erklimmen, einer der höchsten natürlichen Berge Berlins.

14 Das Capitol

Das Kino im Wohnzimmer

Vornehm distanziert und gänzlich unberührt von den Ereignissen in der Welt, schlummern die Dahlemer Villen im Schatten der alten Bäume und umgeben von Rhododendren vor sich hin. So auch diese Villa neben dem Hauptgebäude der Freien Universität Berlin. Sie sieht aus wie so viele Häuser in ihrer Nachbarschaft: zweigeschossig, kastenförmig und mit Wein an der hellen Fassade. Und wäre da nicht die Anzeigentafel über der Terrasse, würde niemand je erraten, dass sich im Inneren, in der repräsentativen Beletage der Villa, ein Kinosaal befindet.

Auch die Geschichte dazu kennt kaum jemand: Der Präsident der NS-Reichsfilmkammer, Prof. Carl Fröhlich, ließ sich 1942 hier in seine Dahlemer Villa einen privaten Filmvorführraum einbauen. In diesem unscheinbaren Haus in der Thielallee sichteten die Nazis drei Jahre lang in oberster Instanz neue und alte Filme und entschieden, was die Deutschen sehen durften – und was nicht sein durfte. An diesem Kontrollorgan über das deutsche Filmgeschehen kam damals niemand vorbei. Jeder, der im Dritten Reich in irgendeiner Form bei Filmproduktionen mitwirken wollte, musste Mitglied in der Reichsfilmkammer werden. Die Nazis hatten tatsächlich geschafft, was man nie für möglich gehalten hätte: die Kunst unter Kontrolle zu bringen.

Heute hängen über der geschwungenen Treppe im Capitol-Kino alte Filmplakate bis unter die Decke. Und als ob sie eine stumme Versöhnung bezeugen, fallen einem die Titel ins Auge, die im Dritten Reich verboten waren, wie zum Beispiel Charlie Chaplins »Goldrausch« und »Die Kinder des Olymp«.

Das Capitol gilt als Programmkino mit besonderem Charme, mit ausgewählten Filmen – und mit Stil: Den Kaffee bekommt man hier nicht in Pappbechern, und für das Glas Wein in der Abendsonne kommen viele extra ein bisschen früher. Es scheint fast so, als seien hier alle Gäste persönlich eingeladen, erst zum Umtrunk auf der Terrasse – und später in das Kino im Wohnzimmer.

Adresse Thielallee 36, 14195 Berlin-Zehlendorf | ÖPNV U 3, Haltestelle Thielplatz; Bus 110, Haltestelle Löhleinstraße | Öffnungszeiten aktuelles Kinoprogramm unter Tel. 030/8316417 | Tipp Die Philologische Bibliothek: Norman Foster entwarf nicht nur die Reichstagskuppel, sondern noch eine weitere, direkt neben dem Kino – Habelschwerdter Allee 45.

15 Der Comenius-Garten

Ein Refugium mit philosophischer Ambition

Die Holzpforte ist nicht sehr hoch, aber verschlossen. Wer zum ersten Mal hier ist, steht ratlos vor der Tür und sieht dahinter Menschen unter blühenden Apfelbäumen spazieren oder auf breiten Bänken in der Sonne liegen. Dieser Ort der Ruhe und Beschaulichkeit mitten in Neukölln scheint unerreichbar zu sein. Doch es dauert nicht lange, bis jemand kommt und das Geheimnis preisgibt. Der Türöffner ist ein kleiner silberner Knopf. Und schon beim nächsten Besuch gehört man zu den Eingeweihten: Die Tür summt, das Schloss gibt nach – und man betritt den schmalen, aber üppigen Garten.

Er passt in die ländliche Idylle, die ihn umgibt: alte Gehöfte, Fachwerkhäuser und Kopfsteinpflaster. Das Böhmische Dorf wurde hier 1737 von Religionsflüchtlingen gegründet – und der Comenius-Garten ist nach den Vorstellungen des Gelehrten und letzten Bischofs der Böhmischen Brüdergemeinde, Johann Amos Comenius, angelegt. Er soll Philosophen- und Schulgarten sein – und vor allem: für alle zugänglich.

Comenius forderte Bildung für alle, und dies frei von Zwang. Damit war der Theologe seiner Zeit weit voraus. Rund um den Richardplatz ist der Lebensweg der Menschen nach Comenius in mehreren Stationen veranschaulicht. Und im Comenius-Garten selbst sind die schulischen Etappen umgesetzt, die den Menschen prägen. »Alles fließe aus eigenem Antrieb« lautet ein Titel seiner pädagogischen Lehre. Das Staunen, so kann man Comenius interpretieren, ist der Antrieb für die Erkenntnis.

In diesem Sinne entstand vor einigen Jahren in dem Garten im Böhmischen Dorf auch ein neues wissenschaftliches Forschungsfeld: die Wunderforschung. Ein außergewöhnliches Experiment einer sehr außergewöhnlichen Forschergruppe: Kinder aus Neukölln, Wissenschaftler vom Max-Planck-Institut und Künstler aus der ganzen Welt sammeln und präsentieren gemeinsam: Wunder.

Adresse Richardstraße 35, 12043 Berlin-Neukölln | ÖPNV U 7, Haltestelle Karl-Marx-Straße | Tipp Fast zu gut um wahr zu sein: In der Bar Zosse in der Richardstraße 37 sitzt man in einem der alten Höfe des Böhmischen Viertels und dann stimmt einfach alles: Drinks, Backsteinmauer und Stimmung.

16 Die Currywurst-Gedenktafel

Eine gut versteckte Erinnerung an die Soßenerfinderin Herta Heuwer

Wenn man bedenkt, dass in Berlin 70Millionen Currywürste im Jahr gegessen werden und die Erfindung von 1949 sich nicht nur treu geblieben ist als ehrlicher Imbiss auf der Straße, sondern inzwischen schon von Spitzenköchen serviert wird, dann kann einem schon der Gedanke kommen, dass die Erfinderin der berühmten Currysoße ein angemesseneres Zeichen der Anerkennung verdient hätte.

Vergeblich sucht man auf der Kantstraße nach einem Hinweis an der Stelle, wo Herta Heuwer im Nachkriegs-Berlin ihre Imbissbude eröffnete, zum ersten Mal eine Soße aus Ketchup und zwölf verschiedenen indischen Gewürzen mischte und über eine klein geschnittene Brühwurst goss. Die Soße hatte sich schnell rumgesprochen in der Stadt – und Heuwers Bude wuchs zu einer richtigen kleinen Imbisshalle heran, die sie mit 19 Mitarbeitern führte.

Heute ist in dem Haus an der besagten Ecke ein asiatischer Supermarkt. Wenn man sich dort auf die Suche macht und um das Haus herumgeht, in die Kaiser-Friedrich-Straße hinein, dann findet man doch noch was: Schon fast auf dem Stuttgarter Platz, einem ziemlich düsteren Platz gegenüber von Sexkinos und schummrigen Kneipen, hängt ein weißes Blechschild. Unter dem Namen der Erfinderin steht darauf ziemlich pathetisch und etwas unbeholfen: »Ihre Idee ist Tradition und ewiger Genuss«. Abends sind die Worte nur zu erkennen, weil die Neonlichter aus dem Asia-Supermarkt etwas Licht aus den Fenstern abwerfen.

Herta Heuwer ließ ihre Erfindung patentieren. Sie soll das Rezept niemandem verraten und ihr Geheimnis schließlich mit ins Grab genommen haben. Fragt man heute an einem Berliner Imbiss nach den Zutaten für die Currysoße, lautet die Antwort fast immer: Das wird nicht verraten! Fakt ist: Sie schmeckt überall ein wenig anders.

Adresse Kantstraße 101/Kaiser-Friedrich-Straße, 10627 Berlin-Charlottenburg | ÖPNV S 7, S 9, S 75, Haltestelle Charlottenburg; U 7, Haltestelle Wilmersdorfer Straße; Bus M 34, X 49, 309, Haltestelle Kaiser-Friedrich-Straße / Kantstraße; Bus 109, Haltestelle S-Bahn Charlottenburg | Tipp Eine Berliner Currywurst: Die besten gibt es hier: Konnopke's Imbiß (U-Bahnhof Eberswalder Straße), Curry 36 (U-Bahnhof Mehringdamm) und Curry 195 (Ku'damm 195).

17__Das Dong-Xuan-Center

Falsche Blumen und frischer Fisch

Schlägt man den Vorhang am Eingang der Halle zurück, verlässt man Berlin-Lichtenberg – und steht im nächsten Augenblick mitten auf einem Markt irgendwo in Asien: Hier gibt es knallbunte Stoffblumen, blinkende Feuerzeuge, Winkekatzen, Jogginghosen im 10er- und 50er-Paket, duftenden Koriander, Nagellackpaletten, Hochzeitskleider mit Maßschneiderei und Turnschuhe, auch nur im 10er-Pack. Auf großen Bildschirmen laufen vietnamesische Musikvideos mit viel Weichzeichner. Es herrscht eine bizarre Mischung aus wuseliger Umtriebigkeit und südländischer Trägheit.

Nur 15 Minuten vom Alexanderplatz entfernt, befindet sich diese vietnamesische Welt mitten in Berlin. Die Welt heißt »Dong Xuan« – »die Frühlingswiese«, und sie blüht mitten auf dem brachliegenden Industriegebiet von Lichtenberg. Dort, wo früher die Kraftwerke der VEB Elektrokohle rußten, stehen die vier weißen Großmarkthallen in einem endlos scheinenden Nirgendwo. Von den Fassaden und Stellwänden leuchten bunte Plakate mit asiatischen Menschen darauf, doch wofür sie werben, versteht nur, wer Vietnamesisch spricht.

Rund 12.000 Vietnamesen leben in Berlin. Die meisten von ihnen kamen als Vertragsarbeiter in die DDR – und sind nach der Wende geblieben. Sie arbeiten im Blumenladen oder im Gemüsegeschäft, Tag und Nacht. Sie sind freundlich, still und fleißig. Und sie halten zusammen. Das kann man hier in Lichtenberg erleben: Das Dong-Xuan-Center ist ihr Marktplatz, nicht nur zum Einkaufen.

Der Duft der Räucherstäbchen lässt die Lichtenberger Realität noch weiter in die Ferne rücken. In den Restaurants finden sich vietnamesische Großfamilien an langen Tischen zusammen. Mitten auf dem Flur betet ein Ladenbesitzer vor dem geschmückten Altar neben seinem Geschäft – und wer ein bisschen genauer hinguckt, der findet zwischen Kitsch und Sonderangeboten auch wahre Schätze, wie zum Beispiel seidene Hausmäntel und alte Holzschnitzereien.

Adresse Herzbergstraße 128–139, 10365 Berlin-Lichtenberg | ÖPNV Tram M 8, 21, Haltestelle Herzbergstraße/Industriegebiet | Öffnungszeiten Mi–Mo 9–20 Uhr, die Geschäfte in den Hallen öffnen individuell | Tipp Eine Pho Bo: Die vietnamesischen Rindfleischsuppen sind hier in den Restaurants besonders gut und frisch.

18 Die ehemalige Haftanstalt

Ein Ort mit Geschichte – und Zukunft

Die Pappeln am Ufer stehen dicht an dicht, sie lassen im Sommer den Blick von der anderen Seite der Bucht nicht durch. Im Winter aber kann man gut erkennen, was lange Zeit verborgen bleiben sollte: die alten Backsteingebäude der ehemaligen DDR-Haftanstalt Rummelsburg. Heute sieht man durch die kahlen Zweige schwarzweiße Neubauten durchschimmern, dann die roten Gefängnisgemäuer, und über den Wipfeln der kerzengeraden Bäume ragt ein Kran in den Himmel. Die Gefängnismauer ist verschwunden, dahinter führen neue Pflastersteine über das frisch gewalzte Gelände, am Wegrand wurden Bäume gepflanzt.

Die sechs denkmalgeschützten Backsteingebäude von 1880 haben ein neues Gesicht bekommen. »BerlinCampus« heißt die Wohnsiedlung in der Rummelsburger Bucht. Aus den ehemaligen Zellen auf den langen Fluren sind exklusive Apartments entstanden. Nichts erinnert mehr daran, dass die Nazis hier einmal Homosexuelle und »psychisch Abwegige« interniert hatten und dass sich zu DDR-Zeiten immer sechs Häftlinge 14 Quadratmeter teilen mussten. Man spürt noch das Mächtige, das von den Häusern ausgeht – aber das unheilvolle Gefühl verschwindet, sobald man sieht, wie das Gelände wieder neu belebt ist: Geputzte Fugen, Balkone und kleine Gärten mit Kinderspielzeug darin geben den klobigen, anonymen Blöcken eine nicht für möglich gehaltene Menschlichkeit.

Auch anderswo sind verlassene Haftanstalten begehrte Investitionsobjekte, allerdings der anderen Art: In Stockholm kann man auf der Halbinsel Langholmen in ehemaligen Zellen übernachten. In Oxford entstand in Gemäuern aus dem 10. Jahrhundert ein Designhotel mit Gefängnisambiente. Der Gruseltourismus wird in der Reisebranche geradezu als Trend ausgerufen. In der Rummelsburger Bucht wird irgendwann nichts mehr an das Gefängnis erinnern. Die Zeit geht weiter, was bleibt, ist ein Ort mit besonderer Geschichte.

Adresse BerlinCampus, Karl-Wilker-Straße, 10317 Berlin-Lichtenberg | ÖPNV S 3, Haltestelle Rummelsburg (10 Minuten Fußweg); Tram 21, Haltestelle Kosanke Siedlung | Tipp Von der Ausflugsgaststätte Hafenküche kann man über die Citymarina bis zur Halbinsel Stralau blicken, und es gibt leckeres Essen, Grillboote und Picknickkörbe, Zur Alten Flussbadeanstalt 5, Tel 030/42219926.

19__Die Eiermann-Kapelle

Das verborgene Kleinod

Mit einem Blick hat man die Ordnung des Raumes erfasst. Und diese Klarheit erleichtert ungemein, denn soeben war man noch dem Gewühl und Gedränge auf dem Breitscheidplatz ausgeliefert. Der schlichte rechteckige Raum der Kapelle ist rundum verglast. Hinter den Fenstern führt ein schmaler Gang vor einer hohen Mauer mit bunten Wabenfenstern einmal rundherum. Diese Konstruktion schafft es, die Kapelle von dem Leben auf dem Platz vollkommen abzuschirmen. Man sieht über der Mauer in den Himmel und fühlt sich wie losgelöst – als schwebe die ganze Kapelle an großen Ballons über dem nie zur Ruhe kommenden Großstadt-Durcheinander.

Die Gedächtniskirche kennt jeder. Der Architekt Egon Eiermann baute nach dem Krieg um den zerbombten Turm der Kaiser-Wilhelm-Kirche herum eine neue Kirche und einen Glockenturm. Seine Kirche mit den blauen Wabenfenstern wurde nach ihrer Einweihung 1961 viel gelobt und ebenso viel kritisch diskutiert. Die Ruine der alten Kirche wiederum haben unzählige Besucher fotografiert und auf Postkarten in alle Welt verschickt. Aber im Hintergrund, flach und leicht zu übersehen und auch, im Gegensatz zu den anderen Gebäuden, fast immer verschlossen, liegt die Kapelle von Egon Eiermann. Sie kennt fast niemand, ein verborgener Schatz.

Die schwarzen Vorhänge, der schlichte Altartisch, die Stühle mit den Haken für die Taschen an der Rückseite: Jedes Detail ist hier vom Architekten bedacht, nichts lenkt ab. Und über Schiebetüren zu beiden Seiten kann man auf den Rundweg mit den Bambuspflanzen hinaustreten. Das Einzige, was hier noch an die Großstadt hinter der Doppelwand erinnert, ist das regelmäßige ferne Rauschen der U-Bahn unter dem Boden. Doch auch das ist nicht unmittelbar. Nicht umsonst sprechen die Berliner U-Bahn-Fahrer von der »Eiermann-Kurve«: Hier musste die Bahnlinie nachträglich um das Ensemble rund um die Gedächtniskirche herumgeführt werden.

Adresse Breitscheidplatz, 10789 Berlin-Charlottenburg | ÖPNV S 7, S 9, S 75, U 2, U 9, Haltestelle Zoologischer Garten; Bus M 19, M 29, M 46, X 9, X 10, X 34, 100, 109, 110, 145, 200, 204, 245, div. Haltestellen rund um den Breitscheidplatz | Öffnungszeiten Veranstaltungen in der Kapelle siehe unter www.gedaechtniskirche-berlin.de | Tipp Der Schleusenkrug: Vorbei am Bahnhof Zoo und immer an der Mauer des Zoologischen Gartens entlang, erreicht man den gemütlichen Biergarten im Tiergarten.

20__Das Ernst-Thälmann-Denkmal

Ein Koloss aus der Vergangenheit

Als die riesenhaften Lenin-Statuen in den Ostblockstaaten von ihren Sockeln gehoben wurden, gingen diese Bilder um die Welt – und wurden zum Symbol für den Fall des Sozialismus. Auch in Berlin gehörte Lenin zu den Ersten, die aus dem Stadtbild entfernt wurden. Seine Einzelteile vergrub man in einer Kiesgrube außerhalb der Stadt. Nach der Wende ging man nicht zimperlich um mit sozialistischen Denkmälern: Sie sollten möglichst schnell weg.

Ernst Thälmann hat diese Zeit unbeschadet überstanden. Mächtig wie ein Gigant erhebt sich die imposante Büste mit der erhobenen Faust und lässt alles um sie herum wie belanglose Miniatur erscheinen. Der Vorsitzende der KPD, der später im KZ von den Nationalsozialisten erschossen wurde, erhielt in der DDR eine besondere Führungsrolle. Die Jungpioniere übernahmen seinen Leitspruch: »Seid bereit – immer bereit« und gelobten, »so zu leben, zu lernen und zu kämpfen, wie es Ernst Thälmann lehrt«.

Die Bronzeplastik an der Greifswalder Straße wurde in den 1980er Jahren von der DDR-Regierung bei dem sowjetischen Bildhauer Lew Jefimowitsch Kerbel in Auftrag gegeben. Heute fehlt einem jeder Zugang dazu, wie monumental die Denkmäler in der DDR inszeniert wurden. Ernst Thälmann trägt nicht nur die Züge seines geistigen Vaters Lenin, die Person des Politikers Thälmann ist zu einem Typus des anführenden, zeitlosen Revolutionärs verallgemeinert. Das Denkmal ist dermaßen stilisiert, dass es selbst unter DDR-Künstlern umstritten war. Doch das Ziel des Denkmalbaus im Sozialismus war es schließlich vor allem, den siegreichen Kommunismus darzustellen, mächtig und übernatürlich. Heute ist die unmittelbare politische Assoziation in den Hintergrund gerückt – und mit der wachsenden Distanz wird der gewaltige Ernst Thälmann wichtig, um auch in Zukunft verstehen zu können, welche Bilder der Sozialismus einmal hochgehalten hat.

Adresse Greifswalder Straße, Höhe Hausnummer 52, 10405 Berlin-Prenzlauer Berg | ÖPNV S 8, S 9, S 41, S 42, S 85, Haltestelle Greifswalder Straße; Tram M 4, M 10, Haltestelle Greifswalder Straße/Danziger Straße | Tipp Das Planetarium: Durch den Ernst-Thälmann-Park hinter dem Denkmal weiter in Richtung Prenzlauer Allee erreicht man das Zeiss-Großplanetarium.

21 Der Fledermauskeller

Welt über Kopf

Die kleine Fransenfledermaus ist ein Einzelgänger – aber treu. Seit fünf Jahren kommt sie zu ihrem festen Stammplatz, um hier ungestört und allein zu überwintern: auf der Burgtoilette in der Bastion König. Jedes Jahr im November hakt sie sich in der fensterlosen Kammer mit einer einzigen Kralle am eisigen Stein fest – und bleibt über dem Königsklo hängen, bis die Kälte vorüber ist.

Es hat sich rumgesprochen: Die Ritzen und Kerben in der alten Steinmauer der Zitadelle Spandau sind ideal, um sich einzuhaken – und hängen zu lassen. Bis zu 10.000 Fledermäuse überwintern in den Gewölben der Burg. Das bleibt nur die geschätzte Zahl, denn in die Risse, Spalten und Hohlräume dahinter kann man nicht hineinsehen. Im Sommer hingegen ist die Burg leer und verlassen, die Winterschläfer schwärmen aus und kehren erst im Herbst in ihr Quartier in der Wasserburg zurück.

Im Fledermauskeller auf der anderen Seite des Burghofes kann man die kleinen Nachtflieger hingegen das ganze Jahr über beobachten. In dem niedrigen Flur unter den dicken Heizungsrohren hat das Berliner Artenschutz Team e.V. eine Fledermaus-Ausstellung aufgebaut. Die eigentliche Attraktion aber befindet sich hinter großen Glasscheiben. Zuerst ist da nur ein Flattern. In dem Gehege ist es stockdunkel. Doch dann, nach einer Weile, kann man die tropischen Nilflughunde und die kleineren Brillenblattnasen ausmachen, die an dicken Tauen baumeln und von Nische zu Nische fliegen. Eine Kellertür weiter gibt es sogar eine ausgesprochene Seltenheit: kubanische Blütenfledermäuse. Die kleinen weißen Tiere ernähren sich ausschließlich von Blütennektar. In Kuba leben sie in riesigen Schwärmen – und außer dort kann man sie sonst nur hier in Spandau sehen.

Erst abends nimmt das Geflatter hinter den Glasscheiben ein Ende. Dann geht nämlich in den Kellerräumen das Licht an – und die Fledermäuse schlafen ein.

Adresse Am Juliusturm 64, 13599 Berlin-Spandau | **ÖPNV** S 9, S 75, Haltestelle Spandau; U 7, Bus X 33, Haltestelle Zitadelle Spandau | **Öffnungszeiten** täglich 12–17 Uhr für die Ausstellung und die Tropenfledermäuse; Führungen in den Fledermausgewölben der Zitadelle unter Tel. 030/36750061 oder www.bat-ev.de | **Tipp** Fledermauskasten: Da der Lebensraum für Fledermäuse immer knapper wird, gibt es von dem Berliner Artenschutz Team eine Anleitung zum Kastenbauen.

22__Die Flipperhalle

Believe it or not

Wer über die Türschwelle dieser unscheinbaren weißen Gewerbehalle am äußersten Rand der Stadt tritt, der verlässt augenblicklich Zeit und Raum. Als erstes taucht man ein in einen Sog aus Tönen. Sie sind hier in der Halle zu Hause: elektronische Klingel-Sounds, schrille Alarm-Glocken und unverständliches Stimmengewirr, unterbrochen von dem plötzlich ausgestoßenen langgezogenen Schrei einer Frau aus der Ecke ganz hinten und einem ziemlich fiesen Lachen gleich vorne rechts, das einen kurz aufschrecken lässt. Dazu kommen die blinkenden Lichter in den grellsten Farben – es besteht kein Zweifel: Jeder einzelne der 60 Automaten, die hier stehen, ringt um die volle Aufmerksamkeit.

Jörg Meißner steht vor dem Star Trek-Flipper. Er geht kurz in die Hocke, springt hoch, fast sieht es so aus, als ob er in der Luft kurz innehält, dann schießt er die Kugel los und landet wieder, ohne den Blick von der silbernen Kugel zu lassen. Wenn man springt, erklärt er später, dann fließt die ganze Energie vollkommen in den Kugelstoß, ohne Ausbremsen. Jörg Meißner hat eine der größten Flippersammlungen in Berlin – und eine Mission: Den Menschen das Flippern wieder nahebringen. »Die Geräte haben alle ihre Tücken – aber auch ihre Schwachstellen«, erzählt er, »Man kann es schaffen, sie auszutricksen. Und das ist eben der Unterschied zum Computerspiel!«

Und ganz nebenbei kann man in der Halle auch die Entwicklung der Geräte nachverfolgen. Los geht es bei den ganz alten Kugelspielautomaten wie dem Black Jack aus dem Jahr 1977 über die Klassiker aus den Hochzeiten des Flippers wie der Adams Family bis hin zu den neuen Geräten mit Bildschirmen. Der gelernte Elektroinstallateur hat die meisten Flipper selbst repariert und restauriert. Aber nicht nur für sich: Jeden Freitag und Samstag öffnet Jörg Meißner die Tür und dann darf für zehn Euro geflippert werden. So viel man möchte.

Adresse Oderstraße 23–25 14513 Teltow | ÖPNV Bus 285, X10, Haltestelle Beeskowdamm | Öffnungszeiten Fr, Sa 13–22 Uhr | Tipp Fahrradtour: Der Teltowkanalweg führt einmal durch das südliche Berlin – man kann auf ihm von Potsdam bis Köpenick, oder eben vom Griebnitzsee bis zur Dahme radeln, immer am Kanal entlang.

23 Der Fundort der »entarteten Kunst«

Das Rätsel um die Skulpturen

»Graben Sie weiter!«, soll Bürgermeister Klaus Wowereit den Bauarbeitern euphorisch zugerufen haben, nachdem sie im Januar 2010 die erste Figur beim Bau des neuen U-Bahn-Tunnels direkt vor dem Roten Rathaus gefunden hatten. Denn der Fund war sensationell: Es war das verschollen geglaubte Bildnis der Schauspielerin Anni Mewes von dem Künstler Edwin Scharff. Diese und zehn weitere Skulpturen, die nach und nach auf der U-Bahn-Baustelle zu Tage kamen, konnten den rund 16.000 Kunstwerken zugeordnet werden, welche die Nationalsozialisten als »entartet« diffamiert und größtenteils vernichtet hatten.

Genau gegenüber vom Berliner Rathaus stand das Haus mit der Nummer 50. In diesem Keller wurden alle elf Skulpturen gefunden. Und daran, wie die Kunstwerke verteilt lagen, konnten die Archäologen bestimmen, dass sie durch die brennenden Decken in den Keller gestürzt sind. Sie standen demnach in einer Wohnung. Es hat über ein Jahr gedauert, bis das Rätsel um die Skulpturen aus dem Keller gelöst werden konnte. Man konnte sich nicht erklären, dass unter den Nationalsozialisten in einer Wohnung vis-à-vis zum Rathaus verbotene Kunst stehen konnte. Schließlich beschlagnahmten die Nazis alle Werke, die sich nicht mit den Schönheitsvorstellungen im Dritten Reich vereinbaren ließen. Jeder Anflug von Abstraktion wurde schlichtweg verboten.

Des Rätsels Lösung: In der Königsstraße 50 befand sich ein Depot des Propagandaministeriums, das für die Erfassung der zensierten Kunst zuständig war. Die elf Skulpturen haben das Feuer überstanden – wie viele weitere Kunstwerke aber hier in den Flammen verbrannt sind, wird man wohl nie herausfinden.

Der U-Bahnhof »Rotes Rathaus« und die neue U-Bahnlinie sind inzwischen fertig gestellt. Leider gibt es keinen Hinweis auf die archäologische Fundstätte.

Adresse Rotes Rathaus, Rathausstraße 15, 10178 Berlin-Mitte | ÖPNV S 3, S 5, S 7, S 75, U 2, U 5, U 8, Tram M 2, M 4, M 5, M 6, Haltestelle S- & U-Bahn Alexanderplatz; Bus M 48; 248, Haltestelle Berliner Rathaus | Tipp Das Neue Museum: Auf der Museumsinsel sind die Fundstücke von dem Ausgrabungsort ausgestellt. Geöffnet Fr–Mi 10–18 Uhr, Do 10–20 Uhr; Tel. 030/266424242.

24 Die Gedenkkirche Regina Martyrum

Beklemmung überwinden

Riesig hoch und dunkel umschließen die Mauern den vollkommen leeren Platz. Von der anderen Seite sieht man nur die raschelnden Spitzen der Pappeln, die inzwischen so hochgewachsen sind, dass sie über die Mauer gucken. Vor einem liegt der gepflasterte Platz, hinter einem erhebt sich in einer Ecke der Mauer riesenhaft und kantig der Glockenturm. Es überfällt einen unwillkürlich ein Gefühl von Schutzlosigkeit und Bedrohung. Der Instinkt meldet sich mit einer solchen Heftigkeit, dass der Verstand nicht dagegen ankommt.

Diese Wucht ist Absicht. Wie ein Gefängnis-Appellplatz wurde der dunkle Kirchenvorplatz der Gedenkkirche Maria Regina Martyrum angelegt – zur Erinnerung an die Opfer, die unter den Nationalsozialisten in der nahen Haftanstalt und Hinrichtungsstätte Plötzensee ermordet wurden. Und so wie der Kirchenvorplatz das Dunkle und Bedrohliche zeigt und spürbar macht, so steht der rechteckige helle Kirchenbau auf dem Platz für die Hoffnung. Die vom Würzburger Dombaumeister Hans Schädel 1963 gebaute Gedenkkirche liegt mit der weißen Kieselfassade fast schwebend auf den stützenden Betonpfeilern. Im Inneren führt eine Treppe mit 33 Stufen in die Kirche hinauf. Nur durch schmale Spalte zu beiden Seiten des großen Altarbildes und unterhalb der Decke strahlt Licht in den hohen Raum hinein. Der Effekt ist beeindruckend: Es scheint, als gäbe es keine feste Decke, als würde der zentnerschwere nackte Beton leicht in die Höhe gehoben – und dort schweben.

Die Schwestern des Karmel-Ordens, die in dem Kloster neben der Gedenkkirche in Schweigen und Gebet leben, haben sich dieses Ortes angenommen: Die Karmelitinnen halten hier das Gedenken an die Opfer aufrecht und laden jeden Mittag in der Kapelle zum Friedensgebet ein. Es tut gut zu wissen, dass mitten in dem unfassbar großen Berlin jeden Tag um die gleiche Zeit für Frieden gebetet wird.

Adresse Heckerdamm 230, 13627 Berlin-Charlottenburg | ÖPNV U 7, Haltestelle Jakob-Kaiser-Platz; Bus M21, 109, 123, Haltestelle U-Bahn Jakob-Kaiser-Platz | Öffnungszeiten tagsüber auf Nachfrage und zu den Gottesdiensten, Infos unter www.karmel-berlin.de, Führungen für Gruppen unter Tel. 030/3641170 | Tipp Kerzen: Im Klosterladen gibt es Kerzen aus der eigenen Kerzengießerei – für alle Anlässe, nicht nur für kirchliche …

25 Die Graphothek

Kunst für alle

Ein neues Bild an der Wand ist immer ein Hingucker. Erst mal. Meistens dauert es aber nicht lang, und der Anblick wird zur Gewöhnung. Das Bild taucht unter in der altbekannten Umgebung. Dem einen oder anderen Gast fällt es noch als etwas Neues auf – aber irgendwann spricht niemand mehr drüber, niemand betrachtet es mehr eingehend.

Dies ist der Moment, in dem man es gegen ein neues Bild eintauschen sollte. In der Graphothek im Märkischen Viertel geht das. Hier wird Kunst verliehen wie Bücher in Bibliotheken. Bilder, die sonst nur in Museen oder bei Sammlern zu sehen sind, hängen hier in Klappordnern zum Durchgucken an der Wand. Und das ist nur eine kleine Auswahl. Die meisten Kunstwerke sind in den unzähligen Schubladen verstaut, insgesamt 5.000 Grafiken.

Hinter dem Tresen werden die Bilder gerahmt, verpackt und mit Stoffgürteln zugeschnürt. Dann geht es los zum nächsten Ausstellungsort – ein Wohnzimmer, eine Praxis oder ein Büro irgendwo in Berlin. 5 Euro kostet die Miete pro Bild für drei Monate, und mit der Jahreskarte für 25 Euro kann man drei Bilder ausleihen und beliebig austauschen.

Seit 1968 verleiht die Graphothek als erste Einrichtung dieser Art in Deutschland Kunst und hat seitdem eine beachtliche Sammlung angelegt. Für einige Künstler gibt es lange Wartelisten, Marc Chagall und Franz Marc zum Beispiel sind eigentlich immer unterwegs.

Der Standort, die öffentliche Bibliothek im Märkischen Viertel, ist für das Selbstverständnis der Graphothek wichtig. Denn sie möchte vor allem denjenigen einen Zugang zur Kunst ermöglichen, die nicht in Museen gehen, um sich Bilder, Fotografien oder Grafiken anzusehen. Und das ist bestimmt auch im Sinne der Kunst und der Künstler. So bleibt ein Werk nicht im Besitz eines Einzelnen – sondern die Bilder werden immer wieder neu erlebt und begleiten viele unterschiedliche Menschen ein Stück in ihrem Leben.

Adresse Stadtteilbibliothek, Königshorster Straße 6, 13439 Berlin-Reinickendorf | **ÖPNV** S 1, U 8, Haltestelle Wittenau; Bus M 21, X 21, X 33, 122, 124, 221, 321, Haltestelle Königshorster Straße | **Öffnungszeiten** Mo 15–19, Di 13–17, Do 15–19, Fr 11–17 Uhr, Mi geschlossen | **Tipp** Galerie M: Kunst aus und über Marzahn – Marzahner Ateliers stellen hier in regelmäßigen Abständen ihre Arbeiten aus, Marzahner Promenade 13, nahe S-Bahnhof Marzahn.

26 Die Greenwich-Promenade

Wo die Zeit stehen geblieben ist

Es fügt sich alles perfekt zu dem Bild einer südlich anmutenden Kurpark-Promenade zusammen: die Platanen am Ufer, die Restaurants aus den 1960ern mit ihren ausladenden Seeterrassen – und natürlich die Dampferanlegestelle. Und dennoch traut man seinen Augen kaum: Am Tegeler See ist die Zeit irgendwann zwischen den 1970er und 1980er Jahren stehen geblieben. Fast behutsam läuft man am Ufer entlang, um die Seifenblasenruhe nicht zu zerstören, die hier ein Stück Berlin davor bewahrt, in das rasante Tempo des Weltgeschehens mit hineingerissen zu werden. Kein Mensch würde sich wundern, wenn die Kugel Eis hier noch immer 80 Pfennig kostete.

Und dann bekommt man noch das Sahnehäubchen serviert: Schnoddriger, ruppiger und echter gibt es die berühmte Berliner Schnauze nur selten zu hören. Von einem kleinen Blockhaus aus am Ende der Promenade wird das Vergnügungsangebot am Tegeler See – bestehend aus Minigolfanlage und Tretbootverleih – von einem einmaligen Duo dirigiert. Es lohnt sich, anzuhalten und sich das Schauspiel der beiden Betreiber anzusehen, das sie schon so lange proben, dass sie mit ihren Rollen inzwischen vollkommen eins geworden sind.

In das Buch über 111 Berliner Orte möchte man hier eigentlich nicht, es sei aber auch egal, man war ja schon in vielen Büchern. Minigolf gibt's hier seit 1950 und den Bootsverleih seit 1900. Wenn man mehr wissen möchte, müsse man eben ins Heimatmuseum gehen. Währenddessen ruft der Kollege den Tretbootfahrern Anweisungen zu. Das ist nichts für zarte Gemüter. Da bekommt schon mal eine deftige Abreibung, wer im Rückwärtstreten rechts und links verwechselt. Aber stören tut sich hier daran niemand. Dieser Ton gehört zum Ausflugsgefühl am Tegeler See dazu. Im Wasser wartet der Schwan mit erhobenem Haupt auf seine nächste Runde über den See. Ob dieses Boot beliebt sei? Die abgerungene Antwort lautet: Na, bei die Valiebten ebend.

Adresse Greenwich-Promenade am Tegeler See, 13507 Berlin-Reinickendorf | ÖPNV S 25, Haltestelle Tegel; U 6, Haltestelle Alt-Tegel; Bus 124, 133, 222, Haltestelle An der Mühle (jeweils 10–15 Minuten Fußweg) | Öffnungszeiten Bootsverleih und Minigolf Mi–Mo 10.30–19.30 Uhr | Tipp Moby-Dick: Der Wal-Dampfer mit Haifischzähnen passt ebenso perfekt in die 1980er-Jahre-Szenerie – und fährt die Havel entlang bis nach Wannsee.

27 Gutes Wedding, schlechtes Wedding

»Mitte is schitte«

Die halblangen schwarzen Haare zurückgegelt, über dem schwarzen Hemd eine schwere goldene Kette – so begrüßt Murat hinter der Kasse jeden Gast mit Handschlag. Murat arbeitet eigentlich im Dönerladen von Onkel Ahmed. Einen Augenblick später ist das Kassenhäuschen mitsamt Murat verschwunden, und Murat steht auf der Bühne im Theatersaal: »Herzlisch willkommen zu Prime Time.«

Der Saal ist voll. Das ist er jeden Abend, wenn die aktuellen Folgen von der Theater-Soap »Gutes Wedding, schlechtes Wedding« im Prime Time Theater laufen. Bevor es losgeht, gibt es eine Zusammenfassung, was bisher geschah. Dazu läuft das Lied zur Serie: »Mitte is schitte. Prenzelberg is Petting. Real Sex is only Wedding.« Und dann geht es mit vielen Perücken, großem Gepolter und allerfeinster Bissigkeit los, mitten rein ins Geschehen: Die Waldorfschülerin Katrin möchte etwas für ihr Karma machen und anderen Menschen helfen. Und wo brauchen Menschen Hilfe? Im Wedding natürlich. Und die Weddinger lassen sich gern helfen: So sortiert Katrin erst im Dönerladen »Chez Ölgür« die Rechnungen von Onkel Ahmed und trägt dann für Postbote Kalle die Briefe aus, damit dieser die zweite Hälfte vom Hertha-Spiel gucken kann. »Die spinnen, die Prenzelwichser«, schüttelt Kalle seine struppige Matte über Gutmensch Katrin.

Im Mittelpunkt steht schon seit der ersten Folge im Jahr 2004 die unüberwindbare Kluft zwischen den bodenständigen Weddingern und den abgehobenen Prenzelbergern, die auf der anderen Seite »der bösen Brücke« wohnen. Jetzt sind auch noch die Friedrichhainis dazugekommen, die mit wilder Mähne Gitarre spielen und vor lauter Nebensätzen und Konjunktiven nicht wissen, wie sie sich zum nächsten Satzende retten können.

Und in der nächsten Folge GWSW geht es ja schon wieder weiter mit Murat, Onkel Ahmed, Kalle und Katrin. Must be continued!

Adresse Prime Time Theater, Müllerstraße 163 (Eingang Burgsdorfstraße), 13353 Berlin-Wedding | ÖPNV S 41, S 42, U 6, Haltestelle Wedding; Bus 120, Haltestelle Gerichtstraße | Öffnungszeiten Infos unter Tel. 030/49907958 oder www.primetimetheater.de | Tipp Inspiration garantiert: In dem ehemaligen Krematorium von Wedding ist ein toller Ort für Kunst, Literatur und Musik entstanden: Silent green Kulturquartier, Gerichtstraße 37–38.

28 Der Hannah-Höch-Garten

Ein bedeutsames Erbe

Die Malerin und ihr Garten waren eine Einheit. Als Hannah Höch die Ehrenprofessur der Akademie der Künste verliehen bekam, sagte die einflussreiche Künstlerin und tonangebende Frau in der Berliner Dada-Bewegung zu ihren Freunden: »Mein Garten wird sich darüber freuen. Lasst mich nun allein mit meinen Blumenseelen. Diese Freude möchte ich nur mit ihnen teilen.« Sie war zutiefst verbunden mit jeder einzelnen Pflanze rund um ihr kleines Holzhäuschen mit den hellblauen Fensterläden. Jede Blume, jeder Lavendelbusch, die seltene und betörend duftende Diptam-Pflanze, die sie selbst von ihrer Wanderung nach Italien mitgebracht hat, und die alten Obstbäume – alles hat hier in der großen Gesamtheit seinen Platz.

Peter Carlberg, der Neffe von Hannah Höch, beschrieb diese Verbindung aus seiner Perspektive: »Hannah Höch war meine Tante – und es gibt keinen Garten, der so sehr mein Onkel ist wie dieser.« In ihr Gartenbuch zeichnete die Künstlerin Skizzen von ihren Beeten und schrieb ihre Gedanken dazu auf. Es sind diese ineinander übergehenden Wechsel, die sie sich genau überlegt hat und die den Garten auch heute noch so lebendig machen. Auch zwischen Haus und Garten sind die Übergänge fließend. Auf der Veranda blühen die Kletterpflanzen bis unter die Decke, und an jeder Hausseite stehen Türen sperrangelweit offen. Es ist, als ob der Garten das Innere des Hauses durchflutet.

Hannah Höch wollte die festen Grenzen verwischen, welche sich die Menschen um alles Erreichbare ziehen möchten. Um sie und ihre Bilder und Collagen zu verstehen, muss man ihren Garten auf sich wirken lassen. Und dieser Zugang soll auch erhalten bleiben. Dafür hat sie selbst gesorgt. Denn sie vermachte das Grundstück vor ihrem Tod dem Bezirk – mit einer Auflage: Das Haus darf nur an Künstler vermietet werden, die den Geist des Gartens bewahren und pflegen und ihn mindestens einmal im Jahr für alle öffnen.

Adresse An der Wildbahn 33, 13503 Berlin-Reinickendorf | ÖPNV S 25, Haltestelle Schulzendorf (15 Minuten Fußweg); Bus 133, Haltestelle Bekassinenweg | Öffnungszeiten Besichtigung nur nach Anmeldung, Tel. 030/4314824 | Tipp Haus Dannenberg: Das Landgasthaus am See war das Lieblingsrestaurant von Hannah Höch, Alt-Heiligensee 52–54.

29 Das Hansaviertel

Dem Geist des Aufschwungs auf der Spur

Mitten im Tiergarten, zehn Minuten zum Potsdamer Platz und zehn Minuten zum Zoologischen Garten, steht man plötzlich in einer Modellstadt. Aber es ist keine Miniaturwelt, sondern es sind reale Einfamilienhäuser, Hochhäuser, Pavillons und Gärten – entworfen von insgesamt 36 internationalen Architekten. Das Hansaviertel war das Herzstück der Internationalen Bauausstellung INTERBAU 1957 in Berlin. Es stand für die Verwirklichung vom Traum des modernen Lebens. Man erzählte den Kindern damals: So wohnt man in anderen Ländern, etwa in Schweden oder Frankreich, man fuhr mit dem Sessellift vom Zoologischen Garten bis Bellevue über die Baustelle hinweg – und war stolz.

Heute liegt das Modellviertel in dörflicher Ruhe und Abgeschiedenheit. Hochhaus neben Villa neben Mehrfamilienhaus neben Bungalow – die Liebe zu Form und Klarheit vereint hier diese unterschiedlichen Domizile.

In der Händelallee 33–39 entwarf der dänische Architekt Arne Jacobsen ein Mehrfamilienhaus für die Bauausstellung: Die doppelstämmige Birke hält schützend ihre Zweige über das flache ebenerdige Gebäude. Die Nordfront zur Straße hin ist fensterlos. Man ahnt: Nach hinten öffnet sich das lang gestreckte U zum Licht. Die vier Familien gehen von dem Moment an, wo sie aus der Haustür hinaus auf die Straße treten, ihre eigenen Wege – nach hinten hinaus im Wohnbereich sind sie vereint. Das war das Neue im Baustil des Dänen: Er führte das beziehungslose Nebeneinander in Mehrfamilienhäusern zu einem gemeinschaftlichen Mittelpunkt.

Die großen Ideen für ein neues und soziales Wohnen in der Zukunft liegen hier Haustür an Haustür. Doch von dem Geist des Aufschwungs ist nicht mehr viel übriggeblieben. Die Ladenpassagen am Hansaplatz wirken trostlos, beinahe ausgestorben, die St.-Ansgar-Kirche im Viertel ist verschlossen, und im Berlin-Pavillon der INTERBAU riecht es nach Bratfett – Burger King ist hier eingezogen.

Adresse Händelallee 33–39, 10557 Berlin-Tiergarten | **ÖPNV** S 3, S 5, Haltestelle Tier garten; U 9, Haltestelle Hansaplatz; Bus 106, Haltestelle U-Bahn Hansaplatz | **Tipp** Hausboote: Gegenüber des Berlin-Pavillons, auf der anderen Seite der Straße des 17. Juni, lässt es sich auf einem kleinen Kanal-Seitenarm sehr idyllisch wohnen, auf dem Wasser.

30__Die Hasenschänke

Naherholung verbindet

Die Hasenheide hat einen schlechten Ruf. Vielleicht zu Recht. Aber wenn man von der Kreuzberger Seite kommt und den steilen Aufstieg geschafft hat, fühlt man sich sofort wie befreit. Straße, Lärm und Hektik sind abgeschüttelt. Auch die Dealer werden weniger. Es geht vorbei an Minigolf und Streichelzoo, der Spielplatz bleibt links liegen, während rechts die blauen Sitze des Freiluftkinos durch die Büsche schimmern – und dann ist das eigentliche Herz der Hasenheide erreicht: die Hasenschänke.

Mit dem nierenförmigen Betondach und dem gepflasterten Platz davor sieht sie aus wie eine Tankstelle aus den 1950er Jahren. Genau in der Mitte des Gebäudes lugt, im Verhältnis ein bisschen zu klein und irgendwie verloren, die Schänke hervor. Ein Kiosk, wird manch einer denken und sich enttäuscht wieder abwenden. Aber dieser Ort ist es wert, haltzumachen und das zu tun, was die anderen hier auch tun: abschalten oder auch Fünfe gerade sein lassen. An den unzähligen runden Tischen mit blauen Plastikstühlen kann man ein einzigartiges Phänomen beobachten. Es mischen sich bei gutem Wetter auf dem Platz Neuköllner Stammgäste, Kreuzberger Jungeltern und gediegene Tempelhofer Spaziergänger oder gar Sportler zu einer einzigen erholungsfreudigen Einheit – in allerbester Stimmung.

Seit 15 Jahren betreibt Familie Schneider diesen Neuköllner Ausflugsimbiss von 1950. Zu essen gibt es Wurst, Buletten, Kartoffelsalat. Oder: Kuchen, Eis, Schokoriegel. Für die Rollenverteilung an den Tischen ist gesorgt: Sie trinkt eine Tasse Kaffee, er ein Pils ohne Glas. Am Nachbartisch werden die Karten verteilt. Spätestens nach dem zweiten Bier kommt man mit dem Hintermann ins Gespräch.

Es beeindruckt immer wieder aufs Neue: Dieser Ort, umgeben von alten Bäumen, schafft es, die Konventionen für einen Nachmittag zu vertreiben. Alles wird einem gemeinsamen Bedürfnis untergeordnet: der allgemeinen Naherholung.

Adresse Volkspark Hasenheide, südlich des Friedhofs, 10965 Berlin-Neukölln | ÖPNV U 7, Haltestelle Südstern; Bus 140, Haltestelle Fichtestraße | Öffnungszeiten 1. März – 31. Okt. täglich 10 – 24 Uhr, an den Winter-Wochenenden von 11 – 18 Uhr | Tipp Open Air: Was macht den Berliner Sommer perfekt? Genau: Abends unter dem langsam dunkler werdenden Himmel einen Film-Klassiker schauen: www.freiluftkino-hasenheide.de.

31 Die Hastings TG 503

Schokolade an Fallschirmen

Niemandsland unter wucherndem Unkraut, leere Wachtürme mitten im Wohngebiet, deutsch-amerikanisches Straßenfest und französische Straßenschilder – in Berlin war die Vergangenheit im Grunde immer allgegenwärtig. Doch nach und nach verschwinden auch die letzten Brachflächen aus der Innenstadt, und die Relikte, die an die Zeit erinnern, als die Stadt geteilt war, werden immer weniger. Da ist es wichtig, dass es Orte gibt, an denen man die Geschichte weiterhin spüren kann.

Als Erstes ist da der Geruch: Schwer und ölig erfüllt er den Laderaum der »Hastings TG 503«. Und dieser Geruch macht etwas mit einem. Denn er ist echt. Und anders, als wenn man ein Geschichtsbuch liest oder einen Dokumentarfilm sieht, nimmt er einen mit: Es ist die Zeit der Blockade. Nachdem die Alliierten für ihre Sektoren der Stadt eine Währungsreform beschließen, sperrt die Sowjetunion im Juni 1948 alle Land-, Wasser, und Schienenwege nach West-Berlin ab. Es ist ein Kettenrasseln auf allerhöchster Ebene – und niemand kann sagen, ob es gut ausgehen wird. Da beginnen die Westmächte mit einer logistischen Unglaublichkeit: Sie versorgen die Bevölkerung in West-Berlin durch die Luft. In drei Korridoren und fünf Ebenen fliegen die Maschinen fast ein ganzes Jahr lang die drei Landeplätze an. 1.438.500 Tonnen Kohle kommen in Flugzeugen wie der »Hastings TG 503« in die blockierten Sektoren.

Und dann hat der amerikanische Pilot Gail Halvorsen eine Idee, wie man den Menschen, die auf den Trümmern stehen und voller Bange die Flugzeuge beobachten, Mut machen könnte: An selbst gebastelten Taschentuch-Fallschirmen lässt er Schokolade und Kaugummis kurz vor der Landung in Tempelhof durch die Luft nach unten segeln. Einige seiner Kollegen machen es ihm nach, und die Luftbrückenflugzeuge haben von da an einen Namen, den noch heute jedes Berliner Kind in der Schule lernt: Rosinenbomber.

Adresse AlliiertenMuseum, Clayallee 135, 14195 Berlin-Zehlendorf | **ÖPNV** U3, Bus 115, X83, Haltestelle Oskar-Helene-Heim | **Öffnungszeiten** täglich außer Mo 10–18 Uhr, Hastings TG 503: April–Okt. jeden So 11–17 Uhr zu jeder vollen Stunde. Eintritt 1 EUR. | **Tipp** Kunst im Grünen: Dort, wo einst NS-Staatsbildhauers Arno Breker für Hitler modellierte, zieht jetzt die Kunst der Nachkriegsmoderne ein. Kunsthaus Dahlem & Skulpturen-Garten, Käuzchensteig 8, 14195 Berlin

32 Das Haus, in dem David Bowie lebte

Heroes in einer Zwei-Zimmer-Wohnung

Das Haus steht mitten am Hang. Das gibt es nicht oft in Berlin. Aber ansonsten ist es ein durchschnittlicher Altbau mit tristem grau-weiß-gelbem Anstrich. Ein indisches Restaurant, ein Kfz-Büro, ein Tattoo-Laden und eine Praxis drängen sich dicht nebeneinander im Erdgeschoss. Dazwischen die Haustür. Durch diese Tür in der Hauptstraße 155 ging 1976 David Bowie und beschloss, hier im ersten Stock eine Zwei-Zimmer-Wohnung zu beziehen. Sein Wohnungsnachbar wurde Iggy Pop.

Als Bowie nach Berlin kam, war er am Ende, so heißt es. Ein Drogenwrack. In Berlin soll er sich wieder erholt haben. Er kam für Plattenaufnahmen hierher – und ist drei Jahre lang geblieben. In den Hansa-Studios wurden seine Alben »Low« und »Heroes« aufgenommen. Auch mit Nachbar Iggy Pop entstanden einige gemeinsame Berliner Songs.

Nur zwei Häuser weiter in der Hauptstraße 157 haben die Besitzer der Bar »Neues Ufer« Tische und Stühle auf den Bürgersteig gestellt. Zu Bowies Zeiten hieß die Gaststätte noch »Anderes Ufer«. Für die Musiker aus der 155 war das Lokal ein zweites Wohnzimmer: Sie kamen zum Frühstücken und abends auf einen Whiskey. Es war das erste offene schwul-lesbische Café in Schöneberg, in das man hineingucken konnte und in das jeder – ohne Klingeln und Geheimnistuerei – auch einfach eintreten konnte. Welchen Whiskey er immer getrunken hat, weiß man hier nicht mehr. Aber es heißt, wenn David Bowie in Berlin ist, lässt er sich immer auch einmal an dem Haus in der Hauptstraße vorbeifahren. »Eine Stadt voller Bars für traurige, enttäuschte Menschen. Das liebe ich«, sagte David Bowie einmal über die Stadt. Und auch er wird in Berlin geliebt. Der Beweis: Immer wieder schrauben Fans das Hausnummernschild mit der 155 ab, um es mitzunehmen als ein Stück aus David Bowies Leben.

Adresse Hauptstraße 155, 10827 Berlin-Schöneberg | ÖPNV U 7, Haltestelle Kleistpark; Bus M 85, M 48, 106, 187, 204, Haltestelle U-Bahn Kleistpark | Tipp Auf die Schätze, fertig, … Der beste Flohmarkt von Berlin? Alle 14 Tage, sonntags, Crellestraße. Aber: Psst! Nicht verraten!

33__Der Heimathafen Neukölln

Willkommen im Weltkulturkiez

Die Karl-Marx-Straße ist laut und schrill. Sie fordert einen heraus. Immer. Zu jeder Tages- und Nachtzeit. Tritt man durch die unscheinbare Toreinfahrt, steht man plötzlich vor dem Portal des alten Rixdorfer Ballsaals und begreift ziemlich schnell: Hier unter dem goldenen Stuck von einst ist ein neuer Dreh- und Angelpunkt für Neukölln entstanden.

Denn der alte rote Samtvorhang öffnet sich nicht nur für die eigenen Theaterproduktionen, sondern genauso für internationale Bands, für politische Theatergruppen und diverse Autoren, für den Jugendclub und das Kieztheater, für die Poetry-Slammer und Street Dancer. Und das begeistert sofort, denn hier, das wird schnell klar, begegnen sich Perspektiven, sei es im Foyer unter den Lametta-Lampen, im Hof unter der Kastanie oder auf der Bühne.

Im Jahr 2009 gründeten zehn Frauen das Theaterkollektiv Heimathafen Neukölln und übernahmen den alten Ballsaal als Spielstätte. Ihre Geschichte zeigt, dass es möglich ist, sich den starren, zumeist männerbesetzten Strukturen in Kulturbetrieben zu entziehen und dass Theater sehr wohl familienfreundlich und feministisch sein kann. Das war kein Spaziergang, sondern ein Weg, der von Selbstausbeutung und einem enormen Leistungsdruck geprägt war. Aber mit ihrer Liebe für Neukölln, für Alt-Berliner Kabarett-Formate und mit ihrer ständigen Auseinandersetzung mit den aktuellen Problemen im Bezirk haben die Theatermacherinnen nicht nur Geschichten auf die Bühne gebracht, die sonst nicht gehört werden, sondern es ist eben auch mitten in Neukölln ein Ort entstanden, der einen ganz neuen Fokus setzt als Theater in einem sozialen Brennpunkt. Neukölln spiegelt unsere Gesellschaft im Umbruch, und das geht nicht ohne Reibung. Aber hier und da blitzt daraus ein neues Selbstverständnis hervor, ein gemeinsames Selbstbewusstsein – und dieser Neuköllner Funken springt hier über.

Adresse Karl-Marx-Straße 141, 12043 Berlin-Neukölln | **ÖPNV** U 7, Haltestelle Karl-Marx-Straße | **Öffnungszeiten** Infos unter Tel. 030/56821333 oder www.heimathafenneukoelln. de | **Tipp** Der Körnerpark: Zwischen Schierkerstraße und Jonasstraße liegt diese barocke Parkanlage mitten im Wohngebiet: mit Kaskaden, Orangerie, Fontänen und einer Galerie mit wechselnden Ausstellungen.

34 Der Hüttenpalast

Ein Ort für alles

Drinnen ist hier draußen. In der großen Fabrikhalle im Neuköllner Hinterhof wird das ganze Jahr über gecampt. Morgens nach dem Aufstehen hängt ein Beutel mit Brötchen an jeder Wohnwagentür, und in der Mitte unter den aufgestellten Birken stehen Thermoskannen mit Kaffee. So können alle Gäste sommers wie winters in Badelatschen und ungekämmt an den Campingtischchen frühstücken und die Nachbarn beäugen, bevor sie sich stadtfein machen und durch das Café im Vorderhaus hinaus auf die Straße treten.

Aber der Hüttenpalast ist noch mehr als ein schöner Ort zum Übernachten: Künstler aus dem Viertel stellen ihre Bilder aus, gestalten ganze Hotelzimmer oder geben Konzerte im Hof. Den beiden Gründerinnen ging es bei ihrem Hüttenpalast nicht in erster Linie um eine lukrative Geschäftsidee, sondern um eine Gestaltungsmöglichkeit in ihrem Viertel. Sie wollten etwas Eigenes ausprobieren.

Deshalb sind dem Ort auch keine Grenzen gesetzt. Das passt zu dem Lebensgefühl hier zwischen Sonnenallee und Maybachufer. In den vielen kleinen Läden in Nord-Neukölln, die lange Zeit leer standen und die früher wohl mal die Bäcker und Gemischtwarenläden im Wohnviertel waren, sind nach und nach Künstler und Freischaffende zu günstigen Mieten eingezogen. Wer das Phänomen Gentrifizierung verstehen möchte, der muss hier durch die Straßen gehen: Kleine Werkstadtläden, Wohnzimmerkneipen, Bürogemeinschaften richten sich in emsiger Geschäftigkeit und vor allem in einem sagenhaften Tempo ein. Neukölln ist schon lange kein Geheimtipp mehr, sondern angesagter Szenebezirk.

Wie gut, wenn da die schönen Fabrikhöfe mit ihrem Alt-Berliner Charme nicht irgendeinem Immobilienspekulanten in die Hände fallen, sondern wenn es die Menschen vor Ort sind, die sich vernetzen und unterstützen wie hier im Hüttenpalast – und so dem Viertel ein Stück von der Originalität bewahren, die es im Moment so lebendig macht.

Adresse Hobrechtstraße 65/66, 12047 Berlin-Neukölln | ÖPNV U 7, U 8, Haltestelle Hermannplatz; Bus M 29, 171, 194, 344, Haltestelle U-Bahn Hermannplatz / Sonnenallee | Öffnungszeiten Infos unter Tel. 030/37305806 oder www.huettenpalast.de | Tipp Das »Ä«: schon längst kein Geheimtipp mehr, aber dafür schon eine Neuköllner Institution, Eckkneipe mit Blümchensesseln und Wohnzimmerlampen in der Weserstraße 40.

35 Die Hüttenstadt

Wie in der echten Stadt auch…

Das an- und abschwellende Hämmern ebbt unablässig über das Panke-Tal. Folgt man dem Geklopfe, dann sieht man Bretter. Lange Bretter, kurze Bretter, dicke und dünne Bretter und Bretter, auf denen noch alte Stempel und Aufdrucke zu lesen sind. Und dann sieht man, was Brett an Brett ergibt: Dächer, Treppen, Hütten und in der Mitte eine Burg mit einer beeindruckenden Brücke von Turm zu Turm. Kein Tag vergeht hier ohne Hämmern. Jeden Tag wächst die Hüttenstadt auf dem Kinderbauernhof Pinke-Panke weiter, unvorhersehbar und ungeplant.

Wenn kein Platz mehr frei ist, werden die alten Hütten eben wieder eingerissen – wie in der echten Stadt auch. Nur die große Burg in der Mitte bleibt. Das ist das Gemeinschaftshaus, hier dürfen alle Kinder mitbauen. Die kleineren Hütten drum herum sind meistens gerade in Arbeit – unter der Aufsicht und Durchführung bestimmter Architekten-Teams oder einzelner Baumeister. Sobald das Gerüst mit den Pfosten einmal stabil steht, sind einem in der Hüttenstadt keine Grenzen gesetzt. Man kann sich gut von den Bauwerken um einen herum inspirieren lassen: Es gibt kleine Türme, Brücken zum Nachbarhaus, Terrassen, und sogar ein Auto aus Holz wurde vor Kurzem hier zusammengezimmert.

Wenn man sich durch die engen Gassen der Stadt durchgeschlagen hat, vorbei an den Eingängen, durch die sich in das Innere der Bretterwelt hineinsehen lässt, kommt man zu einem Bauwagen: die Werkzeugausgabe. Hier wird nicht darüber gewacht, wie gebaut wird, sondern mit was: Jeder, der Säge, Hammer und Nägel bekommt, wird in ein dickes Buch eingetragen.

Mädchen und Jungen gehen in der Hüttenstadt meist getrennt ans Werk: Während die Mädchen im Allgemeinen lieber ein angefangenes Haus weiter ausbauen, kleine Bänke und Tische hineinzimmern, reißen die Jungen dagegen oft erst einmal alles ab, was von der alten Hütte noch steht – und entwerfen dann von Grund auf alles neu.

Adresse Kinderbauernhof Pinke-Panke, Am Bürgerpark 15–18, 13156 Berlin-Pankow | ÖPNV S 1, S 25, S 85, Haltestelle Wollankstraße; Bus 250, Haltestelle Verlängerung Koloniestraße | Öffnungszeiten Di–Fr 12–18.30 Uhr (Nov.–März bis 17.30 Uhr), Sa, So und feiertags 10–18.30 Uhr (Nov.–März bis 17.30 Uhr), Montag Ruhetag | Tipp Filzen, Schnitzen oder Töpfern: Die Werkstattangebote auf dem Kinderbauernhof Pinke-Panke sind für alle und umsonst. www.kinderbauernhof-pinke-panke.de

36 Die Insel im Karpfenteich

Anleitung für eine Eroberung

Die Insel ist ein Ort, den man aufspüren muss. Zu erklären, an welcher Stelle sie liegt, wie sie aussieht und was es dort alles gibt, wäre unbefriedigend – jeder muss sie selbst finden und für sich entdecken. Das Durchstreifen des Treptower Parks und das Gefühl, am Ende auf etwas Besonderes gestoßen zu sein, machen diesen Ort aus.

Folgende Wegbeschreibung soll bei der Suche nach der kleinen versteckten Insel im Karpfenteich helfen: Auf der Spreeseite des Treptower Parks herrscht jeden Tag Wochenend- und Ausflugsstimmung – die Dampfer legen an, es gibt Fischbrötchen und Tretboote.

Läuft man aber vom Ufer aus in den Park hinein, dann wird es ruhiger. Auf den Wiesen zwischen den alten Bäumen ist genügend freie Fläche, sodass es nie zu voll wird. Weiter hinten im Park erhebt sich mächtig das sowjetische Ehrenmal. Auf der anderen Seite der Kriegsgräberstätte, ein wenig verborgen hinter den Bäumen, liegt der Karpfenteich.

Es ist kein großer See – aber dennoch größer als andere Stadtpark-Teiche. Am Ufer entlang schlängelt sich ein kleiner Trampelpfad durch die Büsche. Diesem folgend, ist man wieder ganz auf Indianerwegen unterwegs, gebückt und ungesehen, aber dennoch nie orientierungslos, da es immer am Wasser entlanggeht.

Und wenn man schon fast aufgeben möchte, weil der See beinahe ganz umrundet ist – dann liegt dort, kurz hinter der Brücke, auf einmal eine Insel: Von der anderen Seite oder vom Wasser aus ist sie gar nicht als Insel auszumachen, denn der Abstand vom Ufer ist klein, vielleicht vier, höchstens fünf Meter. Es gibt keine Brücke, aber das Wasser ist hier nicht tief. Drei, vier dünne Baumstämme liegen als provisorischer und äußerst wackeliger Übergang zwischen den Ufern. Und wer wirklich für eine Weile auf der Insel ungestört bleiben möchte, der muss die Baumstämme einfach nur zu sich hochziehen …

Adresse Im Treptower Park, am Ahornbaum mit dem Baumschild: Nr. 1009 9, 12435 Berlin-Treptow | ÖPNV S 8, S 9, S 85, Haltestelle Plänterwald; Bus 166, 265, Haltestelle Klingerstraße | Tipp Die Archenhold-Sternwarte: Das längste Fernrohr der Welt kann man schon vom Treptower Park aus sehen, und zwar auf dem Dach der Sternwarte, Alt-Treptow 1.

37 Das Jagdschloss Grunewald

Zügellos hinter dicken Mauern

Als der Wald rund um den Grunewaldsee noch Sumpfgebiet vor den Toren der Stadt war, gab es hier keine Jogger, nicht einmal Spaziergänger. Der Grunewald war nicht nur schwer zugänglich, sondern auch bis 1904 kaiserliches Jagdgebiet. Das Jagdschloss, das Kurfürst Joachim II. 1542 erbauen ließ, lag also in vollkommener Abgeschiedenheit. Es stand auch fast die ganze Zeit über leer.

Nur im Winter wurde hin und wieder das große Tor in der Schlossmauer für Gäste geöffnet. Dann wurde gejagt. Und dann wurde auch gefeiert. Und wenn man heute vor dem Kamin im Saal steht, von meterdicken Mauern umgeben, dann kann man sich gut vorstellen, dass hier – fernab der wilhelminischen Etikette – auch anders gefeiert wurde als zu Hofe.

Das Wildschwein aus weißem Porzellan steht in der Mitte des Tisches. Es steht hier schon seit 1860. Was diese weißen undurchsichtigen Augen vor dem Kamin bereits alles gesehen haben mögen, weiß man nicht. Aber vor Kurzem wurden Briefe wiedergefunden, die von äußerst freizügigen Partys auf dem Jagdschloss zu Zeiten Wilhelms II. berichten. Die anonymen Schmähbriefe, adressiert an die Partygäste selbst und an andere Mitglieder des Hofes, beschreiben vor allem sehr detailliert eine winterliche Orgie im Jahr 1891. Der Kaiser selbst war zwar nicht an dem Skandal beteiligt, aber 15 Mitglieder der Hofgesellschaft sollen sich nach einer Schlittenfahrt hier hinter den dicken Mauern vergnügt haben.

Der Verfasser der Schmuddelbriefe konnte nie ausfindig gemacht werden, obwohl die Betroffenen alles dafür gaben, ihren guten Ruf zu retten, und sogar eine ganze Schar von adligen Hobbydetektiven daransetzten, den Schwätzer unter sich zu entlarven. Dieses Mal hatten die dicken Mauern zum Schutz nicht ausgereicht – Zeitungen und Öffentlichkeit stürzten sich erbarmungslos auf den Skandal. Und auch das kleine Schloss im Grunewald hat seitdem seinen Ruf weg.

Adresse Hüttenweg 100 (am Grunewaldsee), 14193 Berlin-Zehlendorf | ÖPNV Bus X10, X83, 115, Haltestelle Königin-Luise-Straße/Clayallee (15 Minuten Waldspaziergang) | Öffnungszeiten April–Okt. Di–So 10–17.30, Nov., Dez. und März Sa, So und feiertags 10–16 Uhr | Tipp Im Jagdschloss übernachten: Wer sich nicht vor Schlossgespenst Anna Sydow fürchtet, kann im Schlosshof ein Zimmer reservieren. Das einzige. Tel. 030/8181910.

38 Der jüdische Friedhof

Ein Andenken in Ewigkeit

»Was wir bergen in den Särgen / es gehört der Zeit. / Was wir lieben, ist geblieben / bleibt in Ewigkeit.« Die Buchstaben leuchten hell auf dem schwarzen polierten Stein. Die Worte bleiben beim Weitergehen im Kopf – und erklären diesen Ort. Unter den hohen Bäumen stehen die Grabsteine dicht an dicht, manche von ihnen sind in den Efeuteppich gekippt oder werden nur noch vom Nachbarstein gestützt. Durch die engen Gassen zwischen den Gräbern kommt niemand mehr durch. Auf jüdischen Friedhöfen werden die Verstorbenen der Ewigkeit übergeben – und der Gemeinschaft.

Aber es gibt doch einen Hinweis dafür, dass auf dem jüdischen Friedhof auch vor Ort an die Toten gedacht wird. Zu kleinen Häufchen aufgetürmt, liegen Steine in allen Farben, Formen und von überall her mitgebracht auf den Grabsteinen. Es gibt verschiedene Erklärungen für dieses Ritual. Naheliegend ist es allemal, eine unvergängliche Gabe zu hinterlassen. Ein Stein ist schließlich eine unvorstellbare, unendliche Größe – ein Andenken, hinterlegt für die Ewigkeit.

Im Tod sind alle Menschen gleich. Auf jüdischen Friedhöfen kann man sich an diesen Gedanken gewöhnen: Denn die Grabsteine sind dort in der Regel immer gleich groß und schlicht. Dass hier in Weißensee auch das ein oder andere, oft schon verfallene, prunkvolle Grabmal aus dem urwaldartigen Dickicht herausragt, ist eine Besonderheit. Als die Christen nämlich in der Kaiserzeit viele Prachtgrabstätten erbauen ließen, setzte sich diese »Mode« damals auch bei wohlhabenden Juden durch.

In der Nazizeit wurde der Friedhof nicht zerstört, ja nicht einmal geschlossen. Aber natürlich hat diese Zeit ihre Spuren hinterlassen – man findet sie auf den vielen Grabsteinen mit Stellen, die leer geblieben sind. Der Friedhof in Weißensee erzählt jüdische Geschichte, die auch zugleich Berliner und deutsche Geschichte ist – ohne abgeschlossen zu sein.

Adresse Herbert-Baum-Straße 45, 13088 Berlin-Weißensee | **ÖPNV** Tram M 4, M 13, 12, Haltestelle Albertinenstraße; Bus 156, Haltestelle Michelangelostraße | **Öffnungszeiten** täglich 10–20 Uhr | **Tipp** Das jüdische Museum: Neben wechselnden Ausstellungen stellt das Museum die deutsch-jüdische Geschichte aus der Perspektive der jüdischen Minderheit dar. Lindenstraße 9–14. Öffnungszeiten: Mo 10–22 Uhr, Di–So 10–20 Uhr.

39_Die Jukebox

Eine treue Weggefährtin

Auch mal schön, wenn sich einfach nichts ändert. In dieser Stadt, die in einem unzumutbaren Tempo und ohne Rücksicht immer schneller immer weitermacht, braucht jeder Mensch Orte, die bleiben und Halt geben.

Auf die Jukebox in der Ankerklause ist Verlass. Sie steht immer schon an ihrem Platz gegenüber der Theke – und sie wird hier auch weiter die Stellung halten. An ihr muss jeder vorbei. Tagsüber, um auf die Terrasse zu kommen, von wo aus die knallroten Geranien ihr Signal der Gemütlichkeit weit über den Landwehrkanal aussenden. Und sobald es dunkel wird bis in den frühen Morgen hinein regiert die breite Box mit den Spiegeln über die Nacht am Wasser. Sie ist immer Mittelpunkt des Geschehens.

Das Gedränge ist groß – aber irgendwann im Laufe des Abends kommt der Moment, an dem der Platz vor der Musikbox ganz unverhofft frei ist – und ohne zu wissen, wie einem geschieht, steht man plötzlich selbst davor und lässt die vier CD-Hüllen mit den Pfeiltasten weiterklappen. Bei jedem Klicken kommt eine kleine kribbelnde Vorfreude auf – und schon schieben sich die nächsten beiden CDs mit einem kleinen Anschwung nach oben.

Nostalgie ist immer ein guter Grund zum Feiern. Hier ist sie gegenwärtig, in den Covern, die man durchklickt wie den Soundtrack des eigenen Lebens, und in der unvorhersehbaren Mischung aus Blues, Rock'n'Roll und elektronischer Musik, die es so in keinem Club der Welt zu hören gibt, sondern die, wenn überhaupt, nur noch auf den verstaubten Kassetten irgendwo im Schrank an die Lieblingshitlisten der alten Zeiten erinnern.

Die engsten Vertrauten der Jukebox sind daran zu erkennen, dass sie die Pfeil-Tasten ignorieren und, ohne hinzusehen, die vierstelligen Zahlenreihenfolgen der Lieder eintippen. Und wer sich nicht entscheiden kann, der kann sich immer auf die gerade aktuellen Top Ten der Jukebox verlassen.

Adresse Kottbusser Damm 104, 10967 Berlin-Kreuzberg | ÖPNV U 8, Haltestelle Schönleinstraße | Öffnungszeiten täglich ab 10 Uhr | Tipp Feiern ohne Musikautomat: Jeden 1. Donnerstag im Monat legt ein DJ in der Ankerklause auf: wenig Platz, viele Leute – beste Stimmung.

40 Die Karl-Marx-Allee

Schwerfälliger Wandel

Sie liegt da wie ein gestrandetes Raumschiff – gigantisch und überwältigend, aber ohne Verbindung zur Außenwelt. Auf der Prunkseite, in Richtung Alexanderplatz, glänzt neues Porzellan auf den alten Arbeiterpalästen – stadtauswärts werden die Fassaden der Magistrale trüb und der Prunk bröcklig. Der ganze Koloss wirkt wie eine malerische und überaus prächtige Kulisse des Sozialismus. Ein Stück Moskau für Berlin. Und es scheint, als halte die gewaltige Vergangenheit den Vorzeigeboulevard fest und hindere ihn daran, an dem Berlin von heute anzudocken – und seinen neuen Platz in der Stadt zu finden.

Wie ein Sinnbild für dieses Schweben zwischen dem Gestern und dem Heute prangen über dem Geschäft im Wohnhaus 78–84 die Leuchtbuchstaben aus einer alten Zeit: Der Karl-Marx-Buchladen war eine Institution, im Osten und auch im Westen. Hier fand man neben Marx und Mao auch Thomas Mann, Christa Wolf und Bertolt Brecht. Heute gibt es hinter den Fenstern keine Bücher mehr, keine Antiquitäten stapeln sich unter den prachtvollen Rundbögen. 2008 musste die Buchhandlung nach 55 Jahren ausziehen, die Miete in dem sanierten Block C-Süd war zu teuer geworden. Dabei waren die Bücher an diesem Ort einmal Teil des großen Plans gewesen: Es sollte auf den 1.500 Quadratmetern der große Stellenwert der Literatur in der DDR demonstriert werden – vor allem dem Westen.

Die »Stalinallee« war das Imageprojekt der DDR-Regierung überhaupt: Es ist die Geschichte von einem Aufbau aus Trümmern, von einem Arbeiteraufstand auf der Großbaustelle und vor allem von einer Wucht aus einem Guss: Die Stalinallee ist vom U-Bahnhof bis zur Straßenlaterne, vom Kinosaal bis zum letzten Mosaikbild durchgeplant. Die Gegenwart hat bisher noch keine Bestimmung gefunden für das, was einst als einziges riesengroßes Konzept durchgesetzt wurde.

Adresse Karl-Marx-Allee, 10178 Berlin-Friedrichshain | ÖPNV U5, Haltestelle Strausberger Platz; Bus 142, Haltestelle U-Bahn Strausberger Platz | Tipp Hör-Führung: Auf der Audiotour durch die Karl-Marx-Allee begegnet man einem Arbeiter auf der Baustelle und einer Erstbewohnerin der Stalinallee. Los geht es im Cocktailian, Karl-Marx-Allee 78 (www.stadt-im-ohr.de/touren/friedrichshain).

41 Der Kaulsdorfer Kirchturm

Denkmäler der Liebe

Den Brauch kennt heute eigentlich niemand mehr. Und als der Dachboden der Kaulsdorfer Kirche entrümpelt wurde, landeten die ovalen Bretter mit der kaum zu entziffernden Schrift kurzerhand im Container – und konnten nur knapp vor dem Abtransport gerettet werden: Es sind die ältesten erhaltenen Totenkronenbretter im märkischen Raum. Die schlichten barocken Tafeln von 1716, die heute im Kirchturm zu sehen sind, erzählen von einem Brauch, der im 18. und 19. Jahrhundert in Brandenburg weitverbreitet war: Wenn ein Kind oder ein Jugendlicher starb, so richtete die Gemeinde eine Hochzeit für den Toten aus. Denn die Heirat galt als das schönste und größte Fest im Leben eines Menschen.

Starb ein Mädchen, dann flochten die Jungen aus dem Dorf einen Totenkranz aus Blumen für die Verstorbene und andersrum die Mädchen für einen toten Jungen. Der Kranz wurde auf der Ablagekonsole des Totenkronenbretts gesetzt – als Ersatz für die Brautkrone. Die geschmückten Bretter wurden dann in der Kirche aufgehängt. Man nannte sie »Ehrengedächtnisse«, »Kronen zum Andenken« oder aber auch »Denkmäler der Liebe«.

Totenhochzeiten sind in vielen Kulturen der Welt gegenwärtig. Der unverheiratete Tote soll nicht ohne dieses wichtigste Ereignis im Leben eines Menschen in das Reich der Toten übergehen – und sich vor allem nicht aus Unmut über das für ihn nicht ausgerichtete Fest an den Lebenden rächen. Das Christentum übernahm diesen heidnischen Brauch – und machte aus der Totenhochzeit die christliche Himmelshochzeit.

Theodor Fontane beschrieb die geschmückten Bretter in den Brandenburger Kirchen im 19. Jahrhundert auf seinen Wanderungen: »Krone neben Krone, gestickte Bänder; dazwischen Myrten und Immortellenkränze im bunten Gemisch.« Die beiden Kaulsdorfer Tafeln mit der weißen Schrift haben oben im Kirchturm einen würdigen Platz gefunden.

Adresse Jesuskirche Kaulsdorf, Dorfstraße 12, 12621 Berlin-Hellersdorf | ÖPNV S 5, U 5, Haltestelle Wuhletal; Bus 164, 398, Haltestelle Alt-Kaulsdorf/Chemnitzer Straße | Öffnungszeiten So 11 – 12 Uhr und nach Absprache, Tel. 030/5677233 | Tipp Suchspiel: Bevor der zerstörte Kirchturm 1999 nach gotischem Vorbild wiederhergestellt wurde, befand sich ein Notdach auf dem Kirchturm. Es ist heute noch in Gebrauch. Wo steht es?

42 Das Kleine Grosz Museum

Eine Stelle zum Auftanken

Es passiert schnell, dass man vorbeigeht, ohne es zu bemerken. Aber hat man es erst gesehen, das geschwungene Dach nämlich, das hoch über der hohen Mauer zu schweben scheint, erkennt man es sofort, auch wenn die Kiefern und der hohe Bambus es ein wenig verdecken: Eine Tankstelle. Und tatsächlich, es ist auch eine. Aber eine ganz neue ihrer Art. Denn hier stehen nicht die Autos im Mittelpunkt – sondern die Menschen. Und das sind Orte, die diese Stadt braucht. Orte zum Auftanken. Orte, die einladen zu verweilen. Und genau das darf man hier tun in dem Café unter dem formschön geschwungenen alten Tankstellendach der Sorte »Standardtyp der Shell AG von 1956«. Man sitzt am Cafétisch und streckt die Beine aus, hört dem Wasser vor der Mauer beim Plätschern zu, bestaunt die wild romantischen Blumenbeete, und ab und zu hebt man den Kopf und sieht, wie die orangene U-Bahn auf der Hochbahntrasse durch den grünen Bambus blitzt.

Und dann, nach dem ersten Ankommen, kann man sich aufmachen, den Ort weiter zu entdecken: Hinter dem spektakulären alten Werkstatttor betritt man das Museum. George Grosz und Berlin. Das lässt sich kaum auseinanderdenken. Er war ein scharfsinniger Beobachter seiner Zeit, er hat die Alltäglichkeit des Großstadtlebens festgehalten, die derbsten Szenen mit unglaublicher Zartheit in Farbe und Detail, ja fast kann man schon sagen: umarmt. Im oberen Geschoss sind die Collagen ausgestellt, mit denen Grosz das Bruchstückhafte und das sich immer Wiederkehrende der Formen ausstellt – um es sogleich auseinanderzustückeln und neu zusammenzusetzen. Für George Grosz war Kunst auch immer politisch.

Und dann, dann liegt da dieser Strohhut mit schwarzem Band auf der Ablage in dem Café-WC, und man denkt kurz, dass der eigentlich so aussieht, als hätte ihn George Grosz hier vergessen. So nah fühlt man sich ihm an diesem Ort.

Adresse Bülowstraße 18, 10783 Berlin-Schöneberg | **ÖPNV** U 2, Haltestelle Bülowstraße; Bus 106, 187, M 19, Haltestelle U Bülowstraße | **Öffnungszeiten** Do – Mo 11 – 18 Uhr | **Tipp** Noch eine Perle: Im Ristorante Centro Sud ein paar Häuser weiter (Bülowstraße 10) fällt man im wild romantischen Innenhof komplett aus Zeit und Raum. Ein echter Geheimtipp.

43__Kleists Grab

Und fand Unsterblichkeit…

Das war also der Blick, den sich die beiden zum Sterben Entschlossenen an jenem trüben 21. November 1811 für ihre letzten Stunden ausgesucht hatten: Von der Anhöhe sieht man über das unruhige Wasser des Kleinen Wannsees, geschützt von Eichen und stattlichen Villen zu beiden Seiten. Heinrich von Kleist, »dem auf Erden nicht mehr zu helfen war«, wie er im Abschiedsbrief geschrieben hatte, und die an Krebs erkrankte Freundin Henriette Vogel hatten alles genau geplant und wollten hier, so stand es weiter in dem Brief, »mit unaussprechlicher Heiterkeit« in den Tod gehen.

Die beiden hatten sich in einem Gasthof auf der anderen Uferseite einquartiert. Die Wirtin beschrieb im Nachhinein, dass der Dichter und Henriette Vogel keine Anzeichen von Furcht oder Unruhe zu erkennen gegeben hatten, sie hatten sich sogar noch einen Kaffee an das andere Ufer bestellt, den sie mitsamt einem Tischchen hatte hinüberbringen lassen.

Da Selbstmördern damals eine Beerdigung auf dem Friedhof verwehrt blieb, wurden die beiden später an der Stelle begraben, wo Kleist erst seine Freundin und dann sich selbst erschossen hat. Die beiden Grabsteine sind schlicht und lassen dem Wasser, den alten Eichen und dem kletternden Efeu den Vortritt. Den ursprünglichen Grabspruch entfernten die Nazis, weil der Verfasser, Max Ring, ein Jude war: »Er lebte, sang und litt / in trüber schwerer Zeit, / er suchte hier den Tod, / und fand Unsterblichkeit.« Die neue Inschrift ist die bekannte Zeile aus Kleists »Prinz von Homburg«: »Nun, O Unsterblichkeit, bist du ganz mein.«

Die Abgeschiedenheit und Unberührtheit dieses Ortes birgt eine tiefe Intimität. Ein Hörspiel-Parcours führt durch den so schön vernachlässigten Park. Man hört Auszüge aus Vernehmungsprotokollen der Augenzeugen und Abschnitte aus den Abschiedsbriefen. Jetzt ist die Gänsehaut perfekt. Die Audio-Guides sind am S-Bahnhof Wannsee erhältlich.

Adresse zwischen den Häusern Bismarckstraße 2 und 4, 14109 Berlin-Zehlendorf | ÖPNV S 1, S 7, Haltestelle Wannsee; Bus 114, 118, 218, 316, 318, Haltestelle Wannseebrücke | Tipp Über den Wannsee setzen: Von der Anlegestelle aus starten die Dampfer in alle Richtungen.

44 Der Kletterbaum

Ein Capri für die Seele

Wer hier den Boden verlässt, der wird das nicht bereuen. Denn oben ist man ungestört. Niemand sieht einen, während sich durch die Gucklöcher nach allen Richtungen hin beste Aussichten bieten. Der Kletterbaum im Bürgerpark ist für Kenner nicht schwer zu finden: Direkt hinter dem prächtigen rosa Eingangstor in der Wilhelm-Kuhr-Straße steht die Buche rechts auf der Wiese.

Sie fordert einen heraus. Aber sie belohnt auch die Mühe. Oben in den Ästen gibt es nur noch Baum. Alles andere rückt in weite Ferne. Das braucht jeder hin und wieder, und manch einer hat schon seinen festen Ort dafür: sein persönliches Refugium, sein Capri für die Seele, seinen Ort zum Auftanken. Wer noch nach einem geeigneten Platz sucht, der sollte mal Bäume ausprobieren.

Kinder klettern in Bäume – und, was für die meisten Erwachsenen oft nicht mehr vorstellbar ist, sie bleiben ganze Nachmittage oben zwischen den Ästen. Die Astgabeln entlang des Stammes werden zu Welten, der Baum zu einem Universum, verborgen vor den Augen der Erwachsenen.

Und in der Baumkrone erinnert man sich unwillkürlich wieder an die Geschichte des kleinen Cosimo di Ronda aus dem Roman »Baron auf den Bäumen«, der mit seinen Eltern Schnecken essen muss. Als er sich weigert, wird er vom Vater vom Tisch verwiesen, klettert aus Trotz in eine Eiche – und bleibt dort 57 Jahre lang.

Die Flucht nach oben – vielleicht ist das auch der Impuls, der dahintersteckt, dass Baumhäuser immer beliebter werden. Es gibt inzwischen Architekten, die sich ganz auf den Wohnraum im Baum spezialisiert haben. Die Suche nach einem Rückzugsort in der Natur nimmt zu, und in der Stadt sind verborgene Orte selten geworden – zumindest auf dem Boden. Und wer hat nicht schon als Kind von einem Geheimversteck geträumt, in dem man einfach die Strickleiter hochziehen kann – und so unerreichbar ist für alles und jeden?

Adresse Bürgerpark, Eingang Wilhelm-Kuhr-Straße 9, 13187 Berlin-Pankow | **ÖPNV** S 2, S 8, S 9, U 2, jeweils Haltestelle Pankow (10 Minuten Fußweg); Tram M 1, Haltestelle Bürgerpark Pankow; Bus 250, 255, Haltestelle Rathaus Pankow; Bus 155, Haltestelle Wilhelm-Kuhr-Straße | **Tipp** Schmökern im Park: Im Sommer kann man in der Parkbücherei nicht nur Bücher ausleihen, sondern auch Spiele. Wilhelm-Kuhr-Straße 9, geöffnet: Di–So 12–18 Uhr.

45 Der koreanische Garten

Böse Geister müssen draußen bleiben

Beinahe alle, die sie entdecken, müssen unwillkürlich lachen. Dabei haben die beiden Grinsegesichter eine wichtige und ernst zu nehmende Aufgabe: Sie müssen die bösen Geister davon abhalten, in das Dorf einzudringen und Unheil anzurichten. »Zang Sung« heißen die Geisterpfosten, die wie Totempfähle aussehen und den koreanischen Garten in den Marzahner »Gärten der Welt« bewachen.

Der »Seouler Garten«, der zwischen dem »Balinesischen Garten« und dem »Japanischen Garten« liegt, wurde unter der Leitung eines koreanischen Gartenarchitekten von koreanischen Handwerkern und aus hauptsächlich koreanischem Material in Marzahn erbaut. Er ist sehr viel mehr als ein Garten: Was die hölzernen Lachgesichter bewachen, ist ein ganzes Wohnensemble, bedeckt von dunklen, geschwungenen Ziegeldächern. Die Wege, Tore, Mauern und Treppen führen einen durch den ländlichen Wohnhof. Man folgt wie gelenkt der vorgegebenen Richtung – und entdeckt ganz unvermutet ein ganzes Weltbild in den vielen Ecken der kleinen Anlage. Vor allem die Gegenwart der Geister fällt auf.

Der Schamanismus ist in Korea auch heute noch lebendig. Die Schamanen – fast immer sind es Frauen – versuchen, Menschen und Geister zusammenzubringen. Es gibt unterschiedliche Schamanenrituale, und viele davon werden speziell für das Dorf und seine Gemeinschaft durchgeführt. Auch im koreanischen Garten begegnet man diesen Beschwörungsriten, zum Beispiel den beiden Figuren »Buk So«, die das Dorf und seine Bewohner vor Feuer, Hochwasser und Krankheiten beschützen sollen, oder die schamanistischen Geistermasten, die wie Pfähle mit abstrakten Vögeln auf der Spitze aussehen. Sie sollen die Gebete der Menschen an die Geister überbringen.

Ob die Schwelle in dem Eingangstor auch wirklich dafür da ist, die bösen Geister zum Stolpern zu bringen, wie eine Besucherin mutmaßt, sei einmal dahingestellt.

Adresse Eisenacher Straße 99, 12685 Berlin-Marzahn | ÖPNV Bus X69, Haltestelle Kienbergstraße; Bus 195, Haltestelle Erholungspark Marzahn | Öffnungszeiten täglich ab 9 Uhr bis Sonnenuntergang | Tipp Das Labyrinth: Im Irrgarten der »Gärten der Welt« kann man seinen Orientierungssinn prüfen.

46 Der Krausnickpark

Ein schützenswerter Schlupfwinkel

Es sieht so aus, als versuchten die Häuser, ihr Geheimnis vor den umtriebigen Menschenmassen auf den Straßen zu schützen. Und es gelingt ihnen recht gut. Was zwischen ihnen liegt, dort, wo man graue Hinterhöfe mit Mülltonnenplätzen und Fahrradständern vermutet, bleibt verborgen. Nur ein einziges Tor mit Gitterstäben führt hinein in ihre Mitte. Aber die meisten Menschen strömen rastlos vorbei, sie erspähen weiter vorn die Synagoge und links die Museumsinsel – und haben keine Zeit für diese besondere Entdeckung.

So bleibt es im Krausnickpark lauschig und familiär. Die Anwohner haben rund um ihre Terrassen Gärten angelegt, die Kinder können sich hier auf dem hügeligen Gelände zwischen den Hecken und den alten Bäumen verlieren. Ganz hinten ist die Hängemattenecke, das Kinderspielzeug ist für alle da, Picknick kann geteilt werden. Ungläubig steht man dieser Idylle gegenüber und wartet darauf, dass man gleich wieder hinausgebeten wird. Aber der Park ist öffentlich.

Das war nicht immer so. An der Ausfallstraße Richtung Spandau entstand – wie in vielen Vorstädten Berlins – im 18. Jahrhundert ein Lustgarten, angelegt mit Schmuckbeeten, Fontänen, Orangerien und Pavillons. Der »Vierhuff'sche Garten« diente ausschließlich der Zerstreuung der Herrschaften. Ein Jahrhundert später pachtete ein Verein das Grundstück, baute den Garten in einen Park um und veranstaltete Theaterstücke und Konzerte im Freien und später auch Bälle für seine Mitglieder. Die Vereinsmitglieder der »Therbusch'sche Ressource« kamen aus dem gehobenen Bürgertum.

Nach 1990 war das Gelände heruntergekommen und zerstückelt. Gebrauchtwagen standen zum Verkauf. Parzelle für Parzelle haben die Anwohner dann das Land hinter ihren Häusern gepachtet. Sie haben den alten Park wieder zum Leben erweckt und für alle zugänglich gemacht. Die Häuser drum herum helfen mit, damit ihr Garten nicht überrannt wird.

Adresse Oranienburger Straße 19/20, 10178 Berlin-Mitte | ÖPNV S1, S2, S25, Haltestelle Oranienburger Straße; S3, S5, S7, S75, Haltestelle Hackescher Markt; Tram M1, M6, Haltestelle Monbijouplatz | Öffnungszeiten täglich 9–18 Uhr, im Sommer bis 21 Uhr | Tipp Bei Hummus & Friends in der Oranienburger Straße 27 gibt es eine große Auswahl an Hummusgerichten.

47 Der Landhausgarten

Dr. Fränkels Sommerfrische

Als Bankdirektor Max Fränkel um 1920 das Grundstück als Landsitz erwarb, beauftragte er den besten Gartenarchitekten Berlins mit der Gestaltung dieser Hanglage am Wasser. Und Prof. Erwin Barth entwarf für ihn daraufhin einen einmaligen Themen-Terrassengarten. Die klare Aufteilung in verschiedene Bereiche und die Zuordnung in Funktionen erinnern an den Grundriss eines Hauses. Und damit lag Gartengestalter Barth voll im Trend seiner Zeit. Die Berliner Landhausbewegung definierte damals die Landschaftsgestaltung ganz neu: Die Natur sollte nicht länger als repräsentativer Park nutzlos daliegen, sondern den privaten Bedürfnissen der Bewohner dienen. Der Garten wurde gewissermaßen als Erweiterung des Hauses verstanden. Und die Gartenanlage in Kladow ist ein Musterbild dieser Gesinnung.

Es geht steil bergab zum Ufer der Havel. Auf den Schildern, die an der Blütenachse, der Wirtschaftsachse, dem Gartenhaus und an vielen weiteren Stellen aufgestellt sind, fallen immer wieder Worte auf wie Auslichtung, Beräumung, Aufmauerung oder Freilegung. Denn der Kladower Landhausgarten lag jahrelang mitten im Grenzgebiet, und in dieser Zeit verlor er fast vollkommen an Form: Am Uferstreifen wurden Zollboote gewartet, die für Kontrollfahrten auf der Havel eingesetzt wurden – und in das ehemalige reetgedeckte Geflügelhaus zog ein Anglerverein ein, dessen Mitglieder sich rundum kleine Wochenendlauben bauten.

Doch davon erzählen heute nur noch die Tafeln. Man kann sich unmöglich vorstellen, dass dieser Garten einmal nicht Garten gewesen sein soll. Die Spazierwege führen durch die Sommerwiesen bis zum Uferweg – und ganz am Ende steht eine Bank direkt am Wasser. Und diese Bank müsste eigentlich der 112. Ort in diesem Buch sein – weil man über den Blick, die Stimmung, die alte Weide am Ufer und den Bogen vor dem alten Bootshaus, der noch steht, noch mal so viel schreiben möchte.

Adresse Lüdickeweg 1, 14089 Berlin-Spandau | ÖPNV Fähre F 10, Haltestelle Alt-Kladow (10 Minuten Fußweg); Bus X 34, 134, 697, Haltestelle Hottengrund | Öffnungszeiten Mo–Do 7.30–14 Uhr, Fr–So und feiertags 10–18 Uhr | Tipp Sommercafé: Auf der Gartenterrasse im Landhausgarten gibt es an den Wochenenden selbst gebackenen Kuchen.

48 Die letzte Platte

DDR zum Anfassen

In der »Platte« wohnen – jeder weiß, was damit gemeint ist: in einem Plattenbau leben. Aber »Platte« – das bedeutete einmal viel mehr. Dieses Wort war der Inbegriff von modernem Leben, es stand für Einbauküchen, für Zentralheizung und für Kindertagesstätten in grünen Hofanlagen. In den 1970er Jahren begann die DDR, dieses moderne Leben um die alten Ortskerne der Ostberliner Vororte herum hochzuziehen. Die Jugendlichen der FDJ mussten anpacken – und in nur zehn Jahren wurden 42.000 Wohnungen vom Wohnungstyp »WBS 70« in Hellersdorf aufgebaut.

Heute kann man das moderne Leben von damals auf den letzten unsanierten 61 Quadratmetern »Platte« angucken. In der Erdgeschosswohnung in Hellersdorf findet sich der komplette Nachlass aus einem Kapitel deutscher Bau- und Wohnkultur, zusammengetragen aus den umliegenden Wohnungen vor der Sanierung der gesamten Anlage.

Es gibt viel Blumentapete, eine Schrankwand mit Farbfernseher sowie Häkeldecken auf dem Couchtisch. Im Jugendzimmer steht im Regal das Sandmännchen neben einem CCCP-Plastik-Astronauten, darunter im Fach die Amiga-Platten und ein Jugendbildwerfer »Magica«. Und die Sammlung ist noch lange nicht komplett. Es kommen immer Leute, die Sachen für die Museumswohnung vorbeibringen.

Aber das Beste ist: Hier ist erlaubt, was man in fremden Wohnungen sonst nie darf. Die Besucher dürfen die Schubladen rausziehn, die Packungen aus den Küchenschränken herausnehmen und sogar in die Nachtschränke im Schlafzimmer gucken – und so durchforstet man Stück für Stück das Leben von damals. In einer Schublade im Flur unter dem Garderobenspiegel liegt zum Beispiel auch das so genannte Hausbuch, ein vergilbtes grünes Heft, das eine parteinahe Person im Haus führte und darin in vorgegebenen Spalten eintrug, wenn Mieter im Haus unangemeldeten Besuch bekamen. Auch das gehörte dazu, zum Leben in der »Platte«.

Adresse Hellersdorfer Straße 179, 12627 Berlin-Hellersdorf | ÖPNV U 5, Haltestelle Cottbusser Platz; Bus 195, 197, Haltestelle Spremberger Straße | Öffnungszeiten So 14–16 Uhr oder nach Vereinbarung, Tel. 0151/16114440 | Tipp Über den Hochhäusern…: … muss die Freiheit wohl grenzenlos sein! Auf dem Skywalk von Marzahn blickt man in 70 Metern Höhe über alle Dächer ringsherum. Raoul-Wallenberg-Straße 40, Di und Sa 10–12 Uhr, Do 14–16 Uhr

49 Der Lichthof

Gebaut für den Berliner Äther

Der Blick nach oben lässt einen winzig klein werden. Fünf Stockwerke sind es bis zum Glasdach, auf jeder Etage sieht man durch die Lücken in der gelben Klinkersteinbrüstung eine immer gleiche Anordnung von Türen rund um den Lichthof. Es ist eine perfekte Erscheinung. Und ein noch perfekteres Zusammenspiel. Denn diese Ordnung lässt keinen Zweifel: Das Gebäude wurde für einen Zweck gebaut. Und tatsächlich wurde es nie für einen anderen Zweck genutzt als für den einen: den Rundfunk.

Hans Pölzig entwarf 1931 mit dem Haus des Rundfunks als einer der Ersten ein Gebäude, das allein auf die Bedürfnisse des Radiomachens ausgerichtet war. Vor allem der große Sendesaal war ein Phänomen. Die 1.081 Klappsitze versah man mit speziellen Lochungen, damit der Saal mit und ohne Zuschauer den gleichen Klang behält. Außerdem wurde ein eigenes Fundament gebaut, damit keine Schallwellen über den Boden von der Straße in den Saal übertragen werden können.

Doch schon bald nach der Eröffnung ging es im Haus des Rundfunks nicht mehr so sehr um den reinen Klang, sondern um pure Propaganda. Die Nationalsozialisten sendeten von hier ihren Reichsfunk. Nach dem Krieg wurde das Haus im britischen Sektor von der Sowjetarmee besetzt. Und die Russen sendeten auch noch nach der Gründung der DDR weiter aus der britischen Zone – was natürlich zum Eklat führen musste: Irgendwann riegelte die britische Armee das Haus ab. Erst 1954 nahmen die Russen die technischen Geräte und zogen damit in ihr neues Funkhaus um, ein Wachkommando ließen sie allerdings zurück. 1957 konnte der Sender Freies Berlin dann zum ersten Mal auf Sendung gehen.

Heute produziert der rbb in den Studios fürs Radio und fürs Fernsehen. Im großen Sendesaal probt das Kammerochester Berliner – und allen politischen Wirrungen zum Trotz rattert der Paternoster im Lichthof unaufhörlich seine Schleife.

Adresse Haus des Rundfunks, Masurenallee 8–14, 14057 Berlin-Charlottenburg | ÖPNV S 41, S 42, Haltestelle Messe Nord/ICC; U 2, Haltestelle Theodor-Heuss-Platz; Bus M 49, 104, 218, 349, Haltestelle Haus des Rundfunks; Bus X 49, X 34, 139, Haltestelle ICC | Öffnungszeiten durchgehend geöffnet | Tipp Weitblick: Im Studio 14, der Dachlounge ganz oben im Sendeturm des rbb, finden Live-Sendungen statt, es gibt Essen und Trinken – und natürlich: Eine fulminante Aussicht.

50 Die Lilienthal-Burg

Keine Festung

Die verzierten Pfosten, die Ketten an beiden Seiten – kein Zweifel: Der Weg zur Haustür führt hier über eine Zugbrücke! Und das ist nur eines von vielen Details, die aus der Villa eine kleine Ritterburg machen – und ihr einen märchenhaften romantischen Anschein verleihen. Gustav Lilienthal, der Bruder des berühmten Fliegers Otto Lilienthal, hat diese Burg 1893 gebaut, ebenso wie eine ganze Ansammlung von Landhäusern mit Türmchen, Erkern und Zinnen in seiner Nachbarschaft. Die Nachfrage nach den Lilienthal'schen Ritterburgen war ungemein groß.

Heute erinnert nicht nur die Gedenktafel im Vorgarten an die Fliegerfamilie in Lichterfelde, sondern auch Anna Sabine Halle, die Enkeltochter von Gustav Lilienthal. Die 90-Jährige lebt in der Burg und hält ihr Erbe aufrecht, indem sie die Geschichte des Hauses und seiner Bewohner weitererzählt. Wenn man Glück hat, dann trifft man Frau Halle vielleicht auf der Bank in dem Rosengarten vor dem Haus – und erfährt in diesem Fall nicht nur etwas über die architektonischen Besonderheiten, sondern auch, was sich dahinter verbirgt.

Und je länger man zuhört, desto klarer wird: Die Burgen sind in Wirklichkeit das Gegenteil von dem, für das man sie im ersten Moment vielleicht hält: Sie sind nicht als Festungen gedacht, in denen sich die Bewohner abschotten, die Türme und Zinnen dienen nicht der Abwehr, und die Zugbrücke ist nicht zum Hochziehen gedacht.

Denn die Villen von Gustav Lilienthal sind niemals protzig, die Verzierungen niemals reiner Prunk. Die verspielten Elemente aus vergangenen Zeiten ummanteln vielmehr eine ganz den Bedürfnissen der Bewohner angepasste Wohnlichkeit. Und jedes schmückende Element erfüllt eine Funktion: In den Türmchen enden die Lüftungsschächte, und die Zugbrücke führt über den Graben vor dem Haus, der wiederum dafür da ist, dass die Kellerräume durch ihre großen Fenster genügend Licht bekommen.

Adresse Marthastraße 5, 12205 Berlin-Steglitz | ÖPNV Bus M 11, Haltestelle Holbeinstraße; Bus 188, Haltestelle Baseler Straße | Tipp Otto-Lilienthal-Gedenkstätte: Seinen »Fliegeberg« ließ sich Otto Lilienthal für Probeflüge 1894 aufschütten. Heute ist der Hügel in der Schütte-Lanz-Straße 41–43 Park und Gedenkstätte.

51 Die Lohmühle

Unabhängiges urbanes Leben

Das Niemandsland am Kanal war ein karges Stück Land. Und auch als der nicht sehr grüne Grünstreifen nicht mehr Grenzgebiet war, erholte sich der Boden kaum. Im Winter verschlammte die vegetationsfreie Erde, und im Sommer verwandelte sich die Brachfläche in eine Staublandschaft. Wenn man heute auf dem stillgelegten Bahndamm steht und über die Wagenburg Lohmühle am Ufer blickt, ist das nur noch schwer vorstellbar:

Das Stück Land ist zwar nach wie vor nicht bebaut und in gewissem Sinne immer noch Niemandsland – aber auf dem Gelände ist seit 1991 um die wechselnden Bauwagen herum ein unabhängiges Ökosystem entstanden, das seinesgleichen in der Stadt nur schwer finden kann.

Hinter einem kleinen Teich stehen vor verwunschenem Dickicht ein Sofa und einige Stühle gruppiert. Eine kleine Brücke führt über den Teich. Um die Wagen reihen sich Hochbeete in den kleinen Vorgärten, es blüht und wuchert in einer eindrucksvollen Mischung aus wild und angelegt, aus frei wachsend und nutzbar gemacht. Es gibt eine eigene Pflanzenkläranlage, einen Ökolehrpfad – und eine Regenwurmrennbahn. Aber die größte Errungenschaft ist wahrscheinlich die eigene Stromgewinnung: Fast jedes Wagendach ist mit Solarzellen bedeckt, und auf dem Gelände drehen sich mehrere Windräder. Der eigene Strom erleichtert nicht nur das Leben der Wagenbewohner ungemein, die Lohmühle stemmt damit auch ihre Veranstaltungen auf dem Platz und auf der großen Bühne: Jeden Sommer lädt die Wagenburg Freunde und Nachbarn regelmäßig zu Jazz-Konzerten und Filmabenden ein, und jeden Sonntag gibt es Kaffee und Kuchen.

Bis 2015 hat der Bezirk den Vertrag mit der Lohmühle verlängert, in welchem der Verein der Wagenburg als Verwalter des Grundstücks eingesetzt ist. Auf ihrer Internetseite bekundet die Lohmühle ihr Motto als Berlin-Slogan verpackt: »Sei Bürger, sei Wagenbürger, sei Berlin. Freiräume für alle!«

Adresse Lohmühlenstraße 17, 12435 Berlin-Treptow | ÖPNV Bus M 29, Haltestelle Glogauer Straße; Bus 194, Haltestelle Lohmühlenstraße | Öffnungszeiten aktuelle Veranstaltungen unter www.lohmuehle-berlin.de | Tipp Der Ausstellungswagen: Am Uferweg erzählt die Lohmühle in einem offenen Bauwagen die Geschichte des ehemaligen Mauerstreifens.

52 Der Madenautomat

Larven nach Ladenschluss

Von außen kann man zwar durch die Glasscheibe in die einzelnen Fächer hineingucken, aber es lässt sich beim besten Willen nicht erkennen, ob in dem umgebauten Zigarettenautomaten mit den sechs Schubladen tatsächlich auch das drin ist, was die fünf schwarzen großen Buchstaben darüber verkünden. Der Preis für eine Automatenladung beträgt einen Euro. Und beinahe jeder, der zum ersten Mal vor dem Weddinger Anglergeschäft steht, fordert den Beweis und zieht mit einem kräftigen Ruck die Schublade heraus, die erst stockt und dann schmatzend nachgibt – und befördert eine grüne runde Dose hinaus ans Licht. Der weiße Deckel mit den kleinen Löchern darin lässt darauf schließen, dass etwas Lebendiges im Automateninneren darauf gewartet hat, befreit zu werden. Aber echte Maden, also Würmer? – Der Ungläubige ist noch nicht überzeugt.

Und wenn er dann den Deckel abgeschraubt hat und ihn behutsam abnimmt, wirkt er doch ein wenig überrascht von dem Inhalt in seiner Hand: Da strecken kleine glänzende gepanzerte Körper ihren rüsselartigen Kopf in die Luft, um sich dann mit einer geschmeidigen Körperdrehung wieder im Sägemehl zu vergraben. Das ist ein Winden und Wuseln, dass einem ganz unvermittelt ein wenig flau im Magen wird. Und spätestens jetzt fragt man sich, was man sich mit einem Fehlkauf in den Händen irgendwann immer fragt: Warum habe ich das gekauft? Und in diesem speziellen Fall schließt sich dann noch ziemlich schnell die Frage an: Was mache ich jetzt mit den Tieren? Wedding-Experte Heiko Werning schlägt den geläuterten Berlin-Besuchern in dieser Situation vor, die Maden doch in der nächsten Kneipe einfach weiterzuverkaufen. Doch die meisten Würmchen, die hier aus dem Automaten herauskommen, werden wohl in den Büschen vor dem Haus ihrem Schicksal überlassen.

Nachtrag: Der Automat wird vom Angelhaus Koss an den Wochenenden aufgefüllt. Und natürlich kaufen Angler die Maden nicht aus Neugierde, sondern aus gutem Grund.

Adresse Tegeler Straße 36–37, 13353 Berlin-Wedding | ÖPNV S 41, S 42, Haltestelle Wedding; U 9, Haltestelle Amrumer Straße; Bus 142, Haltestelle Kiautschoustraße | Tipp Zubereitung: Eine nahrhafte Verwertung der Kriechtiere: Frittiert werden sie zum Snack, der in Afrika und Asien üblicherweise zum Bier gereicht wird.

53 Das Mahnmal Levetzowstraße

Mit unerwarteter Wucht

Der Gegensatz könnte kaum größer sein: Dort, wo einmal eine der bedeutendsten Synagogen der Stadt stand, führt heute eine nichtssagende Durchfahrtsstraße durch eine schmucklose Gegend. Keine Läden, kaum Fußgänger, Farbe kommt nur von dem grellen Licht der Tankstelle auf der anderen Straßenseite. Deshalb musste das Mahnmal, das an dieser Ecke an die Zerstörung des jüdischen Gotteshauses und an die Verschleppung hunderter Juden aus der näheren Umgebung erinnern soll, vor allem eins sein: groß, wuchtig – und nicht zu übersehen.

Und das ist dem Bildhauer Peter Herbich gelungen. Mitten auf dem Bürgersteig, mitten im Weg also, steht ein Eisenbahnwaggon in Echtgröße. Der Rost hat jeden Zentimeter des alten Metalls erobert. Brutal und dumpf ragen die Stoßdämpfer nach vorn und hinten. Eine Rampe führt zum Wagen hoch. Auf der Schräge erhebt sich ein Block aus marmornen Menschen, die von einem Stahlseil zusammengeschnürt werden. Wer zum Waggon möchte, muss an diesen undeutlich in Stein gehauenen Menschen auf Augenhöhe vorbei – und dann weiter, gebückt unter der bis zur Hüfthöhe aufgeschnittenen Waggonwand in das Innere kriechen. Drinnen ist es eng. Große Marmorblöcke versperren den Weg. Auch sie lassen Personen erahnen: hier ein geduckter Oberkörper, weiter drüben eine einzelne Hand. Man möchte mehr erkennen und sieht doch nichts Genaues. Nicht nur, weil es zu dunkel ist.

Draußen am unteren Ende der Rampe ragt eine Stahlwand bis in den Himmel. Darin sind Zahlen eingestanzt: das Datum, die Anzahl der jüdischen Anwohner und das Lager, in das sie von hier aus gebracht wurden. Man muss den Kopf weit zurücklehnen, um zu versuchen, das Ausmaß des Terrors nur für diesen einen Ort zu begreifen. Aber es bleibt unvorstellbar.

Adresse Levetzowstraße 7–8/Jagowstraße, 10555 Berlin-Tiergarten | ÖPNV U 9, Haltestelle Hansaplatz (10 Minuten Fußweg); Bus 106, Haltestelle Zinsendorfstraße; Bus 101, 245, Haltestelle Franklinstraße | Tipp Erinnern: Das Stück »Ab heute heißt du Sara« läuft im GRIPS THEATER im Repertoire. Es erzählt in 33 Bildern, Liedern und Musikszenen von der Angst der Verfolgten in Berlin ab 1933. Hansaplatz, Altonaer Straße 22

54__Der Majakowskiring

Wo die Herren aus Pankow lebten

Stramm und mit grünen Helmen auf den Köpfen stehen sie entlang der kleinen, schattigen Kopfsteinpflasterstraße. Die alten Laternen auf dem Majakowskiring sehen aus wie Wachsoldaten und erinnern sofort an vergangene Zeiten. In den mächtigen Villen aus Vorkriegszeiten hatte einst die politische Elite der DDR Quartier bezogen – verschanzt hinter einer Mauer und gut bewacht von echten und bewaffneten Soldaten. Hier lebten Ulbricht, Honecker und die anderen Mitglieder der DDR-Regierung ein bürgerliches Leben – und damit das im Arbeiterstaat nicht unangenehm auffiel, schirmten sie ihr Privatleben ganz und gar vor der Öffentlichkeit ab.

Aber vergeblich: Sowohl im Osten als auch im Westen der Stadt wusste man von dieser Enklave in Pankow – und so wurde der Name des Bezirks schnell zum Synonym für die Regierung in Ostberlin. Konrad Adenauer nannte Walter Ulbricht und sein Regime gern »Die Herren aus Pankoff« – wobei er die letzte Silbe vollständig aussprach. Und Udo Lindenberg wollte nach Pankow, um mit Erich Honecker einen Cognac zu trinken – damit dieser ihm erlaubte, in Ostberlin aufzutreten. Der »Sonderzug nach Pankow« wurde 1983 nicht nur in der DDR zum Kultsong.

Als Reaktion auf das Lied wurde Lindenberg einige Monate später auf das Festival »Rock für den Frieden« in den Palast der Republik eingeladen und schenkte dort dem »Oberindianer« Honecker seine Lederjacke – nachdem dieser ihm nämlich zuvor geschrieben hatte, dass Rockmusik mit den Idealen der DDR vereinbar wäre.

Nach dem Arbeiteraufstand wurde es den Parteifunktionären in der Stadt zu unsicher – und sie bezogen 1960 eine abgeschirmte Siedlung bei Wandlitz. Heute zeugen nur noch vereinzelte Tafeln von der Vergangenheit am Majakowskiring, stattdessen entstehen moderne Stadtvillen in den Baulücken unter den alten Bäumen – und in dem Haus, in dem einst Erich Honecker lebte, befindet sich heute das »Kulti«, ein Freizeithaus für Kinder.

Adresse Majakowskiring, 13156 Berlin-Pankow | ÖPNV Tram M1, Bus 107, 250, Haltestelle Tschaikowskistraße | Tipp Das Ehrenmal: Am Ende der Schönholzer Heide thront »Mutter Heimat« als Bronzestatue. Das sowjetische Ehrenmal ist als Ehrenhain eindrucksvoll angelegt und erinnert an die Schlacht um Berlin 1945 und die gefallenen Soldaten der Roten Armee. Germanenstraße 17.

55 Die Malzfabrik

Behutsame Erneuerung

Der Schultheiss-Mönch hat die Ruhe weg. Schon von Weitem prostet er einem zu und hebt sein schäumendes Glas vom weißen Schornstein aus über das Gewerbegebiet an der A 100. Hier kommt eigentlich nur vorbei, wer zu dem großen Möbelhaus oder dem Baumarkt direkt an der Ausfahrt möchte. Doch seit 2009 prangt neben dem über die Jahre schon etwas blass gewordenen Schultheiss-Mönch ein neues Symbol über der alten Berliner Malzfabrik: die Schweizer Flagge.

Frank Sippel ist Schweizer. Er hat dieses Fabrikgelände gekauft, wie schon viele zuvor – um es wieder zu verkaufen. Dann wäre hier fortgesetzt worden, was nebenan mit Möbelgeschäft und Baumarkt begonnen wurde. Aber als Sippel das Schultheiss-Gelände besichtigte, änderte er seine Absichten und nahm den Umbau selbst in die Hand, und zwar mit einem wesentlichen Unterschied zu den meisten anderen Sanierungsprojekten: mit Zeit.

Auf dem Tempelhofer Industriegelände wird nichts überstürzt. In den Gebäuden rund um den Fabrikhof arbeiten inzwischen Künstler, es gibt einen Saal für Veranstaltungen und vor allem viel Platz für Projekte und Ideen. Umweltbewusstsein ist der hochgehaltene Anspruch des Malz-Teams: Auf dem Hof steht ein Container mit einem in sich geschlossenen biologischen Kreislauf, und auf der Wiese hinter der Fabrik werden gerade ein Fischteich und ein Badesee angelegt.

Aber das Hauptgebäude mit den vier riesigen Schornsteinen, in dem noch bis 1996 Malz gewonnen wurde, ist unberührt geblieben. Die Kurbeln an den Schächten sind zwar schon rostig, und von den Schloten hängen eingestaubte Spinnweben, aber auf dem Gitterboden liegen noch die letzten übrig gebliebenen Gerstenkörner zum Trocknen. Wie die Fabrik neu genutzt werden kann, ist noch nicht beschlossen, aber was auch immer hier entsteht, es soll die beiden Grundpfeiler der neuen Malzfabrik vereinen: Kunst und Nachhaltigkeit.

Adresse Bessemerstraße 2–14, 12103 Berlin-Tempelhof | ÖPNV S 41, S 42, S 45, S 46, S 47, Haltestelle Südkreuz (15 Minuten Fußweg); Bus 106, Haltestelle Bessemerstraße | Öffnungszeiten Außenbesichtigung und Atelierbesuche täglich, Führungen siehe www.malzfabrik.de und nach Vereinbarung, Tel. 030/755124800 | Tipp Oase für jedermann; Die Urbane Oase liegt auf dem Gelände der Malzfabrik und ist ein Ort der Besinnung, des Lernens und des Fühlens für Jung und Alt. Jeder kann mitmachen!

56 Der Märchenbrunnen

Eine Begegnung mit alten Vertrauten

Zwölf Jahre hat es gedauert, bis alle 106 Figuren ihren Platz gefunden hatten. 1913 war es dann endlich so weit: Der prächtige Märchenbrunnen mit den neun Fontänen aus wasserspeienden Fröschen um den Froschkönig in ihrer Mitte wurde feierlich eröffnet. Er war ein Geschenk des Kaisers an die Arbeiterkinder der Stadt. Und er schenkte den Kindern damit nicht nur einen Brunnen mit Märchenfiguren, er widmete ihnen und allen Kindern, die nach ihnen kamen, einen Platz in der Stadt.

Ein Grund, warum der Bau der Anlange so viele Jahre dauerte, war, dass Kaiser Wilhelm II. sich immer wieder in die Planung eingemischt haben soll. Als schließlich alles seinen Wünschen entsprach, fehlte es am Geld: Der Brunnenbau kostete um ein Vielfaches mehr, als der städtische Kunstetat hergab.

Wer den Figuren am Brunnenrand heute begegnet, zu ihnen aufblickt wie ein Kind, für den rückt die zauberhafte Welt wieder ein Stück näher. Der gestiefelte Kater, Hänsel und Gretel auf den beiden Enten, Aschenputtel – sie alle sind unsere uralten Vertrauten. Die Symbole und Bilder dieser magischen Welten sind tief verankert in uns und behalten ihre Gültigkeit als Sinnbilder für Moral und Gerechtigkeit. In der Zauberwelt am Märchenbrunnen erinnert man sich unwillkürlich an ihre verborgene Präsenz.

Einer der sieben Zwerge rund um Schneewittchen fällt aus der Reihe. Mit seinem Spitzkragen und der Brille soll er die Züge des Künstlers Adolph Menzel tragen.

Dazu gibt es eine Geschichte: Es heißt, dem Kaiser Wilhelm II. missfielen die realistische Darstellungen des Malers von den harten Bedingungen in der Berliner Arbeiterwelt so sehr, dass er nach dem Tod von Menzel verboten haben soll, ein Denkmal für ihn zu errichten. Dass der Zwerg auf Schneewittchens Schoß ihm ähnelt, gilt als stummer Protest seiner Künstlerfreunde gegen das Verbot des Kaisers.

Adresse Friedenstraße/Am Friedrichshain, 10249 Berlin-Friedrichshain | **ÖPNV** Tram M4, Bus 142, 200, Haltestelle Am Friedrichshain | **Öffnungszeiten** Der Park wird nachts geschlossen. | **Tipp** Freiluftkino Friedrichshain: Hier gibt es im Sommer Kino unterm Sternenhimmel – und man darf sogar den eigenen Grill mitbringen.

57_Die Massageliegen

Für eine bessere Verfassung

Stefan Kim hat das Liegen auf den erwärmten Jadesteinen selbst erfunden. Als Student schraubte er sich in Korea Glühbirnen unter eine Holzbank, um mit der Wärme im Rücken besser schlafen zu können. Der Mediziner weiß, warum diese Kombination aus Steinen, Wärme und Druck so gut ist für den Rücken. Kim hat jahrelang in der Krebsforschung gearbeitet. Jetzt, so sagt er, möchte er helfen, bevor es zu spät ist. In der Steglitzer Erdgeschosswohnung stehen zwölf Massageliegen, die so aussehen, als stammen sie aus der Ausstattung eines Science-Fiction-Films. Gesprochen wird hier kaum, und wenn, dann nur im Flüsterton. Stefan Kim klappt die Haube runter, breitet die Wolldecke aus – und geht, um eine neue Kundin mit einem Glas Tee zu begrüßen.

Am liebsten möchte man sofort wieder aufstehen, so hart und unnachgiebig schieben sich die warmen Jadekugeln unter einem auf der Liege von Nacken bis Steißbein und wieder zurück. Doch wenn dieser erste Impuls besiegt ist, dann entspannen sich Muskeln und Nerven auf wundersame Weise unter der milchigen Plastikhaube. Nur ab und zu ächzt man, genau wie die Nachbarn um einen herum, unter dem Druck auf dem einen oder anderen Wirbel.

Nach den 40 Minuten hält Stefan Kim mit skeptischem Blick das Laken von der Liege hoch, zeigt auf die zerknitterten Stellen und erklärt die Schwachstellen der Wirbelsäule. Die Massageliegen helfen aber nicht nur dem Rücken, sondern auch der mentalen Verfassung. Stefan Kim erklärt seinen Kunden, wie die einzelnen Elemente des koreanischen Naturheilverfahrens wirken. Termine gibt es bei ihm nicht, und ein bisschen Wartezeit muss man einplanen, denn ungefähr 120 Kunden kommen jeden Tag, um sich für vier Euro ihre Wirbelsäule behandeln zu lassen. Einige kommen zu ihm, um sich zu entspannen – andere, um den Schmerz zu besiegen. Stefan Kim kümmert sich mit Hingabe um jeden einzelnen. Deshalb sind auch fast alle Gäste Stammkunden.

Adresse Dwzone Medical, Muthesiusstraße 34, 12163 Berlin-Steglitz | ÖPNV U 9, Haltestelle Schloßstraße; Bus M 48, M 85, 186, 282, Haltestelle U-Bahn Schloßstraße | Öffnungszeiten Mo–Sa 10–18 Uhr, Tel. 030/7201185 | Tipp Gleich um die Ecke in der Lepsiusstraße 63 im Jungbluth kommt der geschmacksbewusste Gast auf seine Kosten. Hier gibt es kreativ zubereitete saisonale Speisen und eine große Auswahl an Malt Whiskeys. Di–Fr ab 17 Uhr, Sa, So ab 12 Uhr

58 Das Mausoleum

Ein Ort für das Leben

Vom Schloss führt eine schnurgerade Allee bis zum Mausoleum. Rechts und links gesäumt von dunklen Tannen. Es ist ein Weg der Trauer. Andächtig folgt man der Strecke, die König Friedrich Wilhelm III. nach dem plötzlichen Tod seiner Frau Luise entlang schritt. Das ganze Volk trauerte damals mit ihm um die mit 34 Jahren verstorbene Königin, um ihre geliebte Königin, die so ein großes Herz für die Menschen hatte. Durch die düsteren Nadelhölzer hindurch blitzt hin und wieder das Treiben von den umliegenden Wiesen und Wegen des Schlossparks – aber die Tannen machen ihre Arbeit gut: Sie schirmen das Leben ab.

Innerlich ist man jetzt bereit, dem Tod zu begegnen. Doch dann kommt alles anders. Denn sobald man die schwere dunkle Tür des Mausoleums hinter sich geschlossen hat, wird man umhüllt von einer geradezu schwerelosen Lebendigkeit. All die finsteren Gedanken an die Endlichkeiten des Daseins sind mit einem Mal wie weggepustet. Man wird aufgefangen von der umwerfenden Helligkeit und dem schlichten Glanz dieses Kuppelraums.

Und dann begegnet man einem Tod, der schöner, anmutiger und friedvoller nicht sein könnte: Die liegende Statue von Königin Luise auf ihrem Sarkophag lässt einen nicht mehr los. Es ist eine schlichte Darstellung. Kein Königinnengewand, keine prunkvolle Ornamentik schmücken die verstorbene Luise – sie liegt da, in ein schlichtes Gewand gehüllt, das durch die unzähligen Falten leicht und unendlich kunstvoll wirkt. Sie hat die Beine überschlagen und die Hände auf ihre Brust gelegt. Sie strahlt eine innere Ruhe aus, die sie für uns Lebende unerreichbar werden lässt. All unsere weltlichen Ängste und Sorgen, mit denen wir den Raum betreten haben, verblassen vor diesem Anblick. Und je länger man in dieses zufriedene Antlitz blickt, desto klarer zeichnet sich ein Gedanke ab: Wenn das der Tod ist, dann gibt es eigentlich keinen Grund, ihn länger zu fürchten.

Adresse Spandauer Damm 20–24, 14059 Berlin-Charlottenburg | ÖPNV U 7, Haltestelle Richard-Wagner-Platz; Bus 309, M 45, 109, Haltestelle Schloss Charlottenburg | Öffnungszeiten Di–So 10–17.30 Uhr | Tipp Das älteste Haus von Charlottenburg: Gleich um die Ecke, in der Schustehrusstraße 13, steht noch ein Bürgerhaus aus der Zeit der Stadtgründung Charlottenburgs. Heute ist dort das Keramik-Museum Berlin.

59_Die Meisterbäckerei

Von Knüppeln und Knoten

Zum Beispiel der Berliner Knüppel. »Den Knüppel«, sagt Andreas Zandonai, »den lernt heute eigentlich kein Mensch mehr.« Auf den ersten Blick sieht er aus wie eine zu flach geratene Schrippe, ist aber ein Milchbrötchen. »Erst muss man mit beiden Handballen drücken – so«, der Meisterbäcker drückt die Hände gegen den Tisch als wäre er ein weicher Teig, »dann wird er gewendet, wieder gedrückt und am Schluss gerollt. Am Ende muss er eben aussehen wie ein Knochen.« Der Bäckermeister steht hinter dem Tresen in seinem Laden, den er seit fast 20 Jahren führt, und verkauft, was er am frühen Morgen gebacken hat. Draußen fegt ein eisiger Schneeregen durch die kleine Kopfsteinpflasterstraße. Aber hier drinnen herrscht eine gut gelaunte, beinahe familiäre Stimmung, ein bisschen wie auf einem Marktplatz in einem kleinen Dorf. Die Leute kommen eben nicht nur wegen der geflochtene Brötchen namens Knoten und der zwölf verschiedenen Brotsorten, und sie kommen auch nicht nur wegen der unzähligen frisch gebackenen Eclairs, Puddingtaschen, Amerikaner, Streuselschnecken, Schweineohren, Blechkuchen –, sondern sie kommen eben auch, weil sie ihren Bäcker kennen und mögen. Es gibt viel Händeschütteln, Schulterklopfen und ansteckendes Gelächter. Der Ort ist für sie eine feste Konstante in ihrem Leben geworden.

Seine Kunden kommen aus beinahe allen Bezirken der Stadt, sagt Andreas Zandonai. In ganz Moabit gibt es keinen einzigen weiteren Bäcker mit Backstube – aber gleich 16 Backshops in zehn Minuten Laufweg. Andreas Zandonai hat sie gezählt. Es ist aber nicht nur schlimm, dass die Menschen kein gutes Brot mehr essen, sagt er, es gehe auch eine ganze Tradition verloren. Und dann fügt er hinzu, so, als ob ihm das gerade erst, in diesem Moment, beim Verkauf der Brötchen und bei den Gesprächen bewusst geworden ist: »Ich würde meinen Ort hier gegen keinen Ort auf der Welt eintauschen.«

Adresse Bäckerei Zandonai, Elberfelder Straße 2, 10555 Berlin-Moabit | **ÖPNV** U 9, Haltestelle Turmstraße; Bus 245, Haltestelle Ottostraße | **Öffnungszeiten** Mo–Fr 6.30–19 Uhr, Sa–So 7–13 Uhr | **Tipp** Die Arminius-Markthalle: Unter der geschwungenen gläsernen Decke gibt es nicht nur Frisches und Kulinarisches, sondern auch Kieziges und einen Gebetsautomaten! Arminiusstraße 2, 10551 Berlin

60__Der Meistersaal

The big hall by the wall

Man spürt es, wenn man die geschwungene Treppe hinaufsteigt. Man sieht es auf den vielen Fotos, die an der Wand hängen: David Bowie, Iggy Pop, die Einstürzenden Neubauten, Depeche Mode, Nina Hagen und U2. Und spätestens, wenn man das Parkett in dem getäfelten Saal im ersten Stock betritt, dann hat man es begriffen: Hier ist der Ort, an dem Musikgeschichte gemacht wurde.

Aber von Anfang an: In den 1920er Jahren entwickelt sich die Gegend zwischen Potsdamer Platz und Anhalter Bahnhof zum Vergnügungsviertel schlechthin. Unzählige Konzertsäle, Tanz- und Vergnügungsetablissements schießen aus dem Boden. Ob Klassik, Tanz oder Varieté: Hier ist der Mittelpunkt der Welt, das Zentrum des musikalischen Geschehens.

Im Krieg werden alle Säle des einstigen Broadways von Berlin zerstört – alle bis auf einen: Der Meistersaal in der Köthener Straße bleibt wie durch ein Wunder erhalten. Es ist das einzige Haus weit und breit. Die Mauer wird gebaut, und das Haus, das einmal im Mittelpunkt der Stadt stand, gerät ins Abseits. Rundherum Brachlandschaft, dahinter kommt nur noch die Mauer.

Nachdem der Meistersaal nach dem Krieg übergangsweise als Ballsaal genutzt wird, gründen 1976 die Meisel Musikverlage in dem Haus die Hansa Tonstudios. West-Berlin zieht viele Musiker an. Der Meistersaal, oder auch »the big hall by the wall«, wie David Bowie ihn nennt, wird zu einem beliebten Aufnahmeort. Er selbst spielt 1977 die Alben »Low« und »Heroes« ein, Iggy Pop »The Idiot« und »Lust For Life«. Als nebenan die Mauer fällt, spielen U2 gerade ihr Album »Achtung Baby« ein.

Kein Wunder, dass auch Musiker heute noch diesen legendären Ort aufsuchen. Drei Musikerinnen, um die 20 Jahre alt, kommen aus dem Studio im anderen Stockwerk, um den Meistersaal zu sehen – und um sich zu fotografieren unter dem einzigen Original-Bestandteil: dem großen Kronleuchter in der Mitte.

Adresse Köthener Straße 38, 10963 Berlin-Kreuzberg | **ÖPNV** S 1, S 2, S 25, S 26, Haltestelle Potsdamer Platz; U 2, Haltestelle Mendelssohn-Bartholdy Platz | **Öffnungszeiten** Besichtigung nur nach Vereinbarung, www.besl-eventagentur.de | **Tipp** Läuft man auf der anderen Seite vom Potsdamer Platz in den Tiergarten hinein, entdeckt man sie: zehn große Steine aus allen fünf Kontinenten – »The Global Stone Projekt«.

61_Die Mensa der Kunsthochschule

Sachlichkeit gegen Pathos

Der lange Raum strahlt beinahe etwas Festtägliches aus. Die hohen Fenster und die schlichte Anordnung der Tische und Stühle erheben die Mensa über ihre bloße Funktion eines Esssaals. Im hinteren Teil schaffen Holzvertäfelung und Keramikteller an den Wänden eine fast wohnzimmerliche Atmosphäre. Bauhausarchitekt Selman Selmanagi ´c entwarf in den 1950er Jahren den Neubau für die Hochschule für angewandte Kunst in Berlin-Weißensee. Doch seine ästhetischen Vorstellungen für die bauliche Ergänzung der früheren Schokoladenfabrik stießen nicht auf Zustimmung bei den Kulturfunktionären der DDR. Zu formalistisch, zu wenig ideologisch, hieß es.

Da bediente sich Selmanagi´c einiger Tricks: Er konnte zum Beispiel das geplante Flachdach nicht durchsetzen, baute es aber schlussendlich so, dass es visuell wie ein flaches Dach wirkt. Außerdem hatte er ursprünglich breite Fenster geplant. Doch genau wie Flachdächer galten diese als reaktionär. Im Zusammenhang mit dem großen architektonischen Exempel der Stalinallee wurde in der DDR wochenlang über breite und hohe Fenster diskutiert – und schließlich wurde offiziell beschlossen, dass in Anlehnung an die Renaissance die hohen Fenster die »humaneren« seien. Selman Selmanagi´c entzog sich diesem Politikum, indem er hohe Fenster einbaute – diese aber als ein Fensterband nebeneinandersetzte.

Mensa und Innenhof wirken in ihrer ganzen nüchternen Sachlichkeit dennoch familiär und geborgen. Dass hier an der Hochschule Dialoge von gesellschaftlicher Relevanz viele Jahre lang nicht möglich waren, davon ist nichts mehr zu spüren. Heute wird gerade diese Aufgabe der Kunst, durch gestalterische Prozesse die soziale Umwelt zu verändern, in der Kunsthochschule sogar ganz besonders gefördert. Die Studenten probieren neue Formen dafür aus, wie zum Beispiel in dem bisher einzigartigen Studiengang »Raumstrategien«.

Adresse Kunsthochschule Berlin-Weißensee, Bühringstraße 20, 13086 Berlin-Weißensee | ÖPNV Tram M 2, Haltestelle Am Steinberg; Bus 156, 158, 255, Haltestelle Hamburger Platz | Tipp Kunsthalle: Die ehemalige Kaufhalle um die Ecke am Hamburger Platz ist Ausstellungsort der Studenten der Kunsthochschule.

62__Das Mies-van-der-Rohe-Haus

Einfach klar

Es ist die Einfachheit, die Klarheit schafft. Inmitten der klobigen Gründerzeitvillen rund um den Obersee ist es leicht zu übersehen, das Haus, das Ludwig Mies van der Rohe 1932 für das Fabrikantenehepaar Lemke baute. Das ebenerdige Backsteingebäude öffnet sich in seiner L-Form nach hinten zum See. Die Fenster der beiden Räume sind zimmergroß, sodass nichts den Blick in Garten und Himmel stört. Es scheint, als nehme sich das Gebäude vor der Natur zurück und überließe, bescheiden und klein, alles Schmuckvolle, alle Farben und Formen den Pflanzen, dem Himmel und dem Wasser.

Man kann von dem einen Fensterzimmer über die Terrasse in das andere Fensterzimmer treten. Durch diesen Übergang wird das Draußen für das Haus genauso wichtig wie das Drinnen. Man fragt sich: Wer war zuerst da und gewährt nun dem anderen ein Dasein an seiner Seite, das Gebäude oder die Natur?

Um 1900 gewann die Gegend im heutigen Hohenschönhausen, das heute viele sofort und ausschließlich mit Plattenbauten in Verbindung bringen, an Bedeutung. In den 1920er Jahren wurde die wachsende Siedlung rund um den Orankesee und Obersee immer beliebter, Ausflugslokale eröffneten, und man nannte es galant den »Wannsee des Nordens«. In den 1930er Jahren zogen viele Industrielle und Künstler in das elegante Villenviertel außerhalb des Zentrums.

Heute steht das Haus den Besuchern offen. Die Möbel, die Mies van der Rohe für die Räume entworfen hat, sind nicht mehr an ihrem Platz, aber im Berliner Kunstgewerbemuseum ausgestellt. Das Haus selbst soll heute ein Raum für Kunst sein. Regelmäßig werden Künstler eingeladen, im Haus zu arbeiten – und dabei auf die besondere Atmosphäre der Räume einzugehen. So soll mit den Ausstellungen die Architektur von Mies van der Rohe immer wieder aufs Neue und von unterschiedlichen Perspektiven aus entdeckt – und belebt werden.

Adresse Oberseestraße 60, 13053 Berlin-Hohenschönhausen | ÖPNV Tram M5, Haltestelle Oberseestraße; Tram 27, Haltestelle Buschallee/Suermondtstraße | Öffnungszeiten Di–So 11–17 Uhr | Tipp Wasserturm: Auf der anderen Seite des Obersees, ziemlich genau gegenüber vom Mies-van-der-Rohe-Haus, steht der Backsteinturm mit einem Lokal und einer Bar. Im Nachbarsee gibt es außerdem eine Badestelle.

63 Das Mittelmeerhaus

Eine Kathedrale für Farne

Im Winter gibt es nur einen Grund für den Besuch im Botanischen Garten: die Gewächshäuser. Schon von Weitem glänzt die riesige Glaskuppel des Großen Tropenhauses über den verschneiten Hügeln. Und rechts davon erhebt sich, wie das Schloss der Eisprinzessin, das Mittelmeerhaus. An den verzierten gläsernen Türmen brechen sich die Strahlen der Wintersonne und reflektieren das Licht tausendfach über die Schneelandschaft. Das Mittelmeerhaus ist kaum bekannt – es steht schon immer im Schatten des berühmten Nachbarn, dem Großen Tropenhaus.

1910 entwarf Alfred Körner die Gebäude für den Königlichen Botanischen Garten. Das Große Kalthaus für subtropische Pflanzen, heute das Mittelmeerhaus, entstand deutlich früher als die restliche Anlage und wurde dem Wahrzeichen von Cambridge, der gotischen King's College Chapel, nachempfunden. Das Ergebnis beeindruckt. Eine gläserne Kathedrale mit Jugendstilverzierungen und Zypressen, die sich im Inneren an der Decke stoßen. Und schon während das Subtropenhaus gebaut wurde, erhielt der hintere Teil des Gewächshauses seine Bestimmung: Baumfarne.

Deshalb kann man sagen, dass hier hinter den würzigen und erdig-steinigen Gerüchen aus dem Mittelmeergebiet wahrscheinlich die ältesten Tropenpflanzen des Botanischen Gartens zu finden sind. Man liest Farne auf den Tafeln und sieht die bekannten feinblättrigen Wedel am Boden. Doch wenn der Blick an den verwitterten und moosbewachsenen Stahlstreben nach oben wandert, dann wird mit einem Mal die Perspektive verschoben: Unter dem Glasdach fächern sich riesige Farnwedel wie Palmblätter. Diese alten Exemplare der australischen Bäume können bis zu 15 Meter hoch werden. Die Luft ist feucht und moosig, von der Decke tropft es. Durch das gläserne Dach scheint die Sonne herein. Den Mantel hat man längst ausgezogen, und der eisige Berliner Winter scheint mit einem Mal ganz weit weg zu sein.

Adresse Unter den Eichen 5–10, 12203 Berlin-Steglitz (weiterer Eingang: Königin-Luise-Straße 106) | ÖPNV S 1, Haltestelle Botanischer Garten (10 Minuten Fußweg); Bus M 48, X 83, 101, Haltestelle Botanischer Garten | Öffnungszeiten täglich Garten 9–20 Uhr, Gewächshäuser 9–19 Uhr | Tipp Heiraten: Umgeben von Thymian, Lavendel und Salbei kann man im Mittelmeerhaus den Bund fürs Leben schließen.

64__Die Modersohnbrücke

Warten auf die Sonnenfinsternisbrücke

Jeden Abend zur gleichen Zeit strömen Menschen aus allen Richtungen herbei und steigen die Anhöhe bis zur Brücke hoch. Dort setzen sie sich nebeneinander, in Gruppen oder pärchenweise, und gucken alle erwartungsvoll in dieselbe Richtung: nach Westen – dorthin, wo die Bahngleise, die unter der Brücke verlaufen, eine Schneise für die untergehende Sonne freilegen. Bald ist kein Platz mehr auf den Rohren hinter dem Brückengeländer frei, die allabendlich zu Tribünenplätzen für das Sonnenuntergangspublikum werden. S-Bahnen und ICEs schlängeln sich von fern über die orange leuchtenden Schienen heran, bis sie mit gleichmäßigem Rattern und Rauschen unter der Brücke durchfahren und im schon dunklen Osten verschwinden. Zwischen den Gleisen sorgen die Bahnsignale für ein Lichtspiel – man fühlt die Großstadt und sich selbst als Teil von ihr.

Seit die Brücke 2002 wieder neu gebaut wurde und Friedrichshain mit Treptow verbindet, ist sie Treffpunkt geworden. Fahrradfahrer halten an und versinken im Anblick des Himmels, andere bringen sich Bier und Chips mit und sitzen in stummem Einvernehmen nebeneinander – so, als säßen sie zu Hause vor dem Fernseher.

Auf der Modersohnbrücke muss man sich nicht verabreden. Und schon das verleiht der Brücke eine ungewohnte, südländische Lässigkeit. An lauen Sommerabenden legen DJs auf. Anwohner, die sich über zu laute Musik beschweren, gibt es hier nicht.

Aber jedes Jahr im Frühsommer kommt auf der Brücke eine spürbare Unruhe auf. Die Menschen warten auf etwas. Sie erzählen davon, wie es in den vergangenen Jahren gewesen ist, und kennen nur noch dieses eine Thema: die Sonnenfinsternis. Und auch wenn niemand genau weiß, wann die totale Friedrichshainer Sonnenfinsternis eintritt – eins ist sicher: Sie kommt jedes Jahr, wenn der orange glühende Ball der untergehenden Sonne auf seiner Bahn direkt hinter der Kugel des Fernsehturms verschwindet.

Adresse Modersohnbrücke, 10245 Berlin-Friedrichshain | ÖPNV S 3, S 5, S 7, S 75, Haltestelle Warschauer Straße; Tram M 13, Haltestelle Wühlischstraße/Gärtnerstraße | Tipp RAW-Tempel: Wenn die Sonne untergegangen ist, lohnt sich ein Abstecher auf das Gelände der ehemaligen Bahnwerkstätten in der Revaler Straße 99. Dort ist immer was los.

65__Die MS Lichterfelde

Ausflugsdampfer mit Kartenentwerter

Berlin liegt gegenüber. Die alten Landhäuser und neuen Villen gucken vornehm und diskret zwischen den alten Bäumen am Wannseer Ufer hervor. Aber der Rest der Stadt wird hier am Hafen von Alt-Kladow zu einer unbestimmten Größe auf der anderen Seite. Und der Weg dorthin ist weit. Man muss den Wannsee entweder im Norden oder im Süden umfahren. Aber es gibt eine Abkürzung in die Innenstadt: über das Wasser. Zum Normaltarif bringt die Fähre F 10 der BVG die Kladower zu den anderen Linien des Berliner Nahverkehrsnetzes. 20 Minuten dauert die Tour um die Insel Imchen herum, am Strandbad Wannsee vorbei und mit Blick auf das Haus der Wannseekonferenz bis zum nächstgelegenen S-Bahnhof. Frühmorgens, wenn die MS Lichterfelde – so heißt die F 10 – um 6 Uhr 30 zum ersten Mal in Kladow ablegt, nimmt sie schon die Ersten auf ihrem Weg zur Arbeit auf die andere Uferseite mit.

Im Laufe des Tages aber wird aus der Pendlerfähre ein Ausflugsdampfer. Dann sind alle Stühle besetzt, die Fahrradständer voll, und der Bootsmann hat Mühe, alle Fahrkarten zu kontrollieren. Die ersten Dampfer auf dieser Strecke wurden aus der Not her aus eingesetzt. Als 1944 nämlich Treibstoff und Reifen in Berlin knapp geworden waren, musste die Busverbindung zwischen Kladow und Spandau eingestellt werden. Als Ersatzverkehr wählte man das Naheliegende: Eine Fähre brachte die Kladower ans andere Ufer.

Inzwischen kennen und lieben die Berliner ihren Wannseeausflug zum Normaltarif. Doch ein Schild im Schiffsinneren macht in großer Schrift unmissverständlich klar, dass für das BVG-Ticket nicht mehr und nicht weniger zu erwarten ist, als das Übersetzen auf die andere Uferseite: »Keine Rundfahrt – No Sightseeing«. Und auch die geschwungene Bar gegenüber von den beiden Fahrkartenentwertern im Schiffsbauch steht leer und verlassen. Nur in einer Ecke auf dem langen Tresen steht ein kleiner Kaffeeautomat.

Adresse Anlegestelle Station Kladow, Alt-Kladow 1, 14089 Berlin-Spandau | **ÖPNV** Fähre F 10, Haltestelle Alt-Kladow; Bus 134, 135, 234, 679, Haltestelle Alt-Kladow | **Öffnungszeiten** Fahrzeiten Mo–Fr 6–19 (Winter 18) Uhr, Sa 7–19 (Winter 18), So 10–19 (Winter 16) Uhr | **Tipp** Neu-Kladow: Der Gutspark vor dem Herrenhaus schließt direkt nördlich an die Hafenpromenade an.

66_Die Mulackritze

Die letzte Zille-Kneipe von Berlintze

Es war eine Institution. In der »Ritze« trafen sich Künstler, Straßenmädchen und Menschen von nebenan zu jeder Tages- und Nachtzeit. Prominente Stammgäste in der Mulackstraße 15 waren zum Beispiel Gustaf Gründgens, Marlene Dietrich und Claire Waldoff. Und natürlich Heinrich Zille. Auf seinen Zeichnungen über das Berliner »Milljöh« dokumentierte er Anfang des 20. Jahrhunderts diese raue Welt und den unverbesserlichen Witz der Berliner. Viele seiner Skizzen und Dialoge entstanden in der Mulackritze im Scheunenviertel – und in der dazugehörigen Hurenstube im Obergeschoss.

Heute steht die dunkle hölzerne Theke ein wenig versteckt, aber komplett erhalten in Mahlsdorf, im Keller des dortigen Gutshauses. Und wenn man im schummrigen Licht vor dem Tresen steht, dann ist da noch was von der Verwegenheit des ruchlosen Alt-Berlins zu spüren. Der imposante Zapfhahn aus Porzellan ragt ein wenig verlassen auf der ansonsten leeren Bar hervor – und an der anderen Seite des Tresens thront auch heute noch der sogenannte Hungerturm: In die Glasvitrine legte der Wirt damals allerlei Berliner Köstlichkeiten auf die Ablagen, die sich allerdings kaum ein Gast leisten konnte. Dazu gehörten Sülze, Brotklopse, Soleier, saure Gurken, Rollmöpse. Die Schilder aus der Mulackritze hängen auch hier in Mahlsdorf wieder an der Wand: »Tanzen verboten«, »Klammern ist verboten« und »Bierausschank und Tischbedienung bis ¾ 1«.

Als das Haus in der Mulackstraße 1963 abgerissen werden sollte, rettete Charlotte von Mahlsdorf die »Ritze« – und brachte das Rückbüfett, die Theke, den Hungerturm von 1890 sowie die Schilder von der Wand mit einem Handwagen von Mitte nach Mahlsdorf. Charlotte von Mahlsdorf wurde in Berlin-Mahlsdorf als Lothar Berfelde geboren. Er begann schon als Jugendlicher, Möbel und Gegenstände aus der Gründerzeit zu sammeln, und richtete 1960 in dem vom Abriss bedrohten Gutshaus Mahlsdorf ein Gründerzeitmuseum ein.

Adresse Gutshaus Mahlsdorf, Hultschiner Damm 333, 12623 Berlin-Hellersdorf | **ÖPNV** S 5, Haltestelle Mahlsdorf (10 Minuten Fußweg); Tram 62, Haltestelle Alt-Mahlsdorf | **Öffnungszeiten** Mi, So 10–18 Uhr, Tel. 030/5678329 oder www.gruenderzeitmuseummahlsdorf. de | **Tipp** Das Orchestrion: Im Erdgeschoss des Gründerzeitmuseums findet sich eine ansehnliche Sammlung von Musikmaschinen.

67 Das Museum der Dinge

Von Schmuck, Zweck und Entfremdung

Das Ding wirkt wie ein Irrtum, wenn es sich von seiner Umgebung löst und seine Funktion verliert. Im dritten Stock in einem Kreuzberger Gewerbehof sind alle möglichen Dinge plötzlich auf sich gestellt – und der Betrachter sieht die befremdlich wirkenden Gegenstände mit ganz neuem Blick. Design und Kitsch stehen eigenwillig Seite an Seite, Erfindungen und technische Meilensteine werden vorgestellt – kein Zentimeter in den Schauschränken ist vergeudet. Die Auswahl ist präzise, und dennoch sieht man, dass es schwergefallen sein muss. Welches Ding unter tausend Dingen, die uns umgeben, ist würdig genug, als Ding seiner Zeit oder als Ding seines Materials für alle Dinge seiner Art präsentiert zu werden?

Ein Schrank steht ein wenig abseits. Auf dem Schild an der Seite steht: »Fremde Dinge?« Der Inhalt hinter der Glasscheibe kommt nicht von weit her. Die Gegenstände wurden vielmehr in der unmittelbaren Umgebung des Museums, in Kreuzberger und Neuköllner Läden gesammelt: eine blinkende Moschee, ein Tablett mit Teegläsern und ein Wecker mit Minarett, dessen Weckruf wie ein Muezzin klingt, der zum Gebet aufruft. Außerdem eine Wasserpfeife, eine Gebetskette und Schlüsselanhänger mit türkischen Fußballtrikots. Es sind Bilder und Symbole aus der muslimischen Kultur, für Kreuzberger sind sie schon längst keine Hingucker mehr. Und in den türkischen und arabischen Läden der Umgebung sind sie vor allem eins: Verkaufsschlager bei den Touristen. Ein Mitbringsel aus Kreuzberg hat anscheinend möglichst abendländisch zu sein.

Dass es sich bei diesen Dingen aus dem Schrank aber nicht bloß um beliebte Geschenkideen handelt, sondern vor allem um alltägliche Gegenstände, macht die ganz gewöhnliche grüne Gießkanne deutlich. In orientalischen Ländern stehen Wassergefäße zur Reinigung neben den Toiletten. Und zu diesem Zweck werden sie auch in den Kreuzberger Läden verkauft.

Adresse Leipziger Straße 54, 10117 Berlin-Mitte | ÖPNV U 2, Haltestelle Spittelmarkt; Bus 200, 248 und 265, Haltestelle Spittelmarkt | Öffnungszeiten Do–Mo, jeweils 12–19 Uhr | Tipp Ratten streicheln: Auf der neuen Gertraudenbrücke steht das Denkmal der Heiligen Gertrud: Wer die Ratten und Mäuse zu ihren Füßen streichelt, dem soll angeblich eine Geldvermehrung zuteil werden.

68 Der Naturpark Südgelände

Siegreiche Rückeroberung

Das durchdringende Quietschen einer S-Bahn-Bremse irgendwo hinter dem grünen Dickicht vermittelt eine Ahnung davon, dass hier, wo heute ansonsten nur das Vogelzwitschern die Ruhe stört, einmal auf 60 nebeneinanderliegenden Gleisen unzählige Züge gleichzeitig bremsten, zischten, quietschten, pufften – und dabei einen unglaublichen Lärm erzeugt haben müssen. Waggons wurden an- und abgehängt und Lokomotiven gedreht – bevor die Züge unter Schnaufen und Rattern in die andere Richtung langsam wieder losrollten. Jahrelang konnte auf Berlins größtem Rangierbahnhof kein Strauch, kein Halm zwischen Schienen und Schotter überleben.

Es hat ungefähr 50 Jahre gedauert – und die Verhältnisse haben sich in das Gegenteil gekehrt. Die Schienen führen durch eine undurchdringliche Wildnis, einen Urwald, den man nicht durchschauen kann. Man folgt den kleinen Wegen und erhöhten Stegen durch das Gelände wie durch einen Irrgarten, den Überblick hat man längst verloren. Immer wieder kreuzen Übrigbleibsel aus der alten Zeit den Weg. Ruinen von Unterführungen, rostiges Geländer an einem Abhang, Schottersteine mitten auf dem Waldboden, eine Weiche umgeben von Wurzeln oder eine imposante Drehscheibe für die Lokomotiven – und diese Relikte sind es auch, die einem dann und wann zeigen, dass man wieder mal im Kreis gegangen ist.

Als das Gelände 1980 für eine neue Bahnanlage gerodet werden sollte, wehrte sich eine Bürgerinitiative – und hatte Erfolg: Die Natur blieb unbeschadet, und das Gelände und die gigantische Lokhalle sind darüber hinaus ein Ort für Künstler geworden. Fast behutsam fügen sich die Kunstwerke in das Gelände ein – wie der rote Tunnel, der einen am Übergang zwischen Wald und Wiese um die Kurve führt. Das Zitat am Eingang ist also wegweisend für den Spaziergang über die Schienen: »Die Kunst ist der nächste Nachbar der Wildnis.« (Karl Ganser).

Adresse Prellerweg 47–49, 12157 Berlin-Schöneberg | ÖPNV S 2, S 25, Haltestelle Priesterweg; Bus M 76, X 76, 170, 246, Haltestelle Röblingstraße | Öffnungszeiten täglich 9 Uhr bis Dämmerung (spätestens 20 Uhr) | Tipp Sonntagsforscher: für alle Kinder ab 5, Experimente, Tierbeobachtung und Basteln, immer sonntags 12–17 Uhr. Mehr Infos unter www.baumschlau

69__Neu-Venedig

Kleingartenglück zwischen Kanälen

Alles guckt hier aufs Wasser: die Gartenzwerge, die Stühle unter der Trauerweide und natürlich die Paare im Freizeitlook im Garten vor der Laube. Und wenn ein Boot auf dem kleinen Kanal vorbeituckert, dann grüßt man sich mit Handbewegung und Kopfnicken. In Neu-Venedig hat jedes Haus einen Straßen- und einen Wasserzugang. Aber die Kanalseite zählt.

Auch für einen Besuch empfiehlt es sich, in einem nahen Bootsverleih auf die Wasserstraßen umzusteigen. Denn vom Land aus ist Neu-Venedig nichts. Zwar kommt man auch zu Fuß über die kleinen geschwungenen Brücken weiter, allerdings bleibt einem dann nur ein sehnsuchtsvoller Blick von der Mitte der Brücke über das Wasser – bevor man wieder runtermuss auf die staubigen Schotterwege der Siedlung.

Bis in die 1920er Jahre gab es hier nichts als sumpfiges Wiesenland, und die Stadt lag in weiter Ferne. Doch dann wurden die Spreewiesen mit einem dichten Netz von Kanälen entwässert und das gewonnene Land – hauptsächlich für Wassersportler aus der Stadt – in Parzellen eingeteilt. Im Inneren von Neu-Venedig gibt es bis heute kein Dauerwohnrecht. Das Gebiet gilt nach wie vor als Flutgelände, was bedeutet, dass die Gärten und Häuser bei drohendem Hochwasser geflutet werden können, um so die Stadt Berlin vor einer Überschwemmung zu schützen.

Aber da es nur ein einziges Mal dazu kam, und das auch nur nach dem Krieg durch eine beschädigte Schleuse, werden die Häuser in Neu-Venedig inzwischen immer größer. Prächtige Villen im neurömischen Schick, mit Sockeln, Säulen und zartrosa Farbanstrichen, entstehen neben den alteingesessenen, robusten Wochenendlauben. Das hebt die Dimensionen der ganzen Siedlung aus den Fugen. Aber vom Wasser aus bleibt der Blick weitgehend ungetrübt, denn das Schilf um die Stege und die Hollywoodschaukeln neben den Gartenpavillons halten zumindest den Anschein der Kleingartenidylle aufrecht.

Adresse Gebiet zwischen Rialtoring und Lagunenweg, 12589 Berlin-Köpenick | ÖPNV Bus 161, Haltestellen Schönblicker Straße oder Lagunenweg | Tipp Frischer Fisch: In Rahnsdorf unweit der Dorfkirche feuert der letzte Berufsfischer von Köpenick, Andreas Thamm, jedes Wochenende, wenn er vom See kommt, den Räucherofen an!

70__Der Nordhafen

Ungeheuerliches im Hafenbecken

Alles hier ist groß und menschengemacht. Die Industriekulisse rund um das Hafenbecken lässt keine Lieblichkeit zu. Schornsteine, Kräne, endlos lange Schleppkähne, wohin man auch blickt. Die kleine Panke, die sich im Wedding noch schlängeln darf wie ein Bächlein zwischen Weiden und Wiesen, wird hier einfach verschluckt. Und landet im Becken des Nordhafens.

Und selbst im angelegten Uferpark wird der Natur unmissverständlich ihr eingeschränkter Platz zwischen den Bundesstraßen zugewiesen, die das Hafenbecken von allen Seiten umgeben. Doch dann registriert man etwas, aus dem Augenwinkel bloß – und es durchfährt einen im ersten Moment ganz instinktiv ein Schreck. Denn es passt nicht hierher. Es ist ungeheuerlich. Ganz kurz schiebt sich der Gedanke vor alles andere: Was, wenn das ganze Menschengemachte vielleicht doch keine Sicherheit garantiert. Was, wenn es doch passieren kann, dass etwas Ungeplantes, Großes, Menschenfeindliches hier auftaucht. Eine Urangst überkommt uns, denn die riesenhafte Haifischflosse, die an dem runden Körper aus dem Wasser ragt, sie bewegt sich!

Doch dann trauen wir uns näher heran. Wir erkennen, dass es kein echter Riesenhai ist, der dort im Hafenbecken schwimmt. Aber er hat uns kurz rausgerissen. Er hat das Erwartbare in den Hintergrund gerückt – und ein wenig auch die Lust auf etwas Abenteuer in uns geweckt. Jetzt ist man bereit. Bereit für den Nordhafenpark. Nichts kann einen jetzt noch umhauen!

Und derart gestärkt folgt man dem Fahrrad- und Fußgängerweg am Kanal entlang bis zum Hauptbahnhof. Der Weg führt durch den hügeligen Invalidenfriedhof, vorbei an der enormen Auguste-Viktoria-Glocke. An der Königslinde am Wasser kann man sich setzen. Gegenüber entsteht eine neue Stadt unter Kränen, neue Brücken werden geschlagen zwischen dem alten und neuen Ufer. Es gibt viel zu entdecken!

Adresse Sellerpark, Nordhafenpark/Sellerstraße, 13353, Berlin-Wedding | **ÖPNV** U6, Haltestelle Reinickendorfer Straße; Bus 147, M27, Haltestelle Am Nordhafen; Bus 120, Haltestelle Boyenstraße | **Tipp** Schlittschuhlaufen: Ganzjährig trainieren in der Halle die Eishockeymannschaften, im Außenbereich darf sich im Winterhalbjahr jeder auf dem Eis versuchen. Erika-Heß-Eisstadion, Müllerstraße 185, 13353 Berlin

71 Das Notaufnahmelager in Marienfelde

Die erste Station im neuen Leben

Zum Beispiel die Mutter, die in den Westen floh und dann später einem Fluchthelfer 50.000 Mark zahlen sollte, um ihren Mann und ihre Kinder nachholen zu können. Oder die kleine Regina, die sich an einem heißen Tag drei Kleider übereinander anziehen musste für einen Ausflug, der eigentlich keiner war – und die sich dann bei der dicken Trainingshose weigerte. Unzählige Menschen sind allein oder mit ihren Familien aus der DDR geflohen. Und wie unterschiedlich ihre Beweggründe für diesen unwiderruflichen Schritt auch gewesen sein mögen und aus was für verschiedenen Ecken sie auch kamen – die erste Station im Westen war für alle DDR-Flüchtlinge Berlin-Marienfelde. Dort errichtete die Stadt 1953 ein Aufnahmelager. Bis zur Maueröffnung gingen ungefähr 1,35 Millionen Menschen von hier aus weiter in ein neues Leben.

Heute zeigt die Erinnerungsstätte in dem Gebäude, wie die ersten Schritte in diesem neuen Leben aussahen. Die Ankömmlinge mussten sich zuerst einmal um ihr Notaufnahmeverfahren kümmern. Auf einem Laufzettel musste sich jeder Einzelne an zwölf Stationen prüfen lassen – bis er die Genehmigung für eine Lagereinweisung erhielt.

Diesen bürokratischen Hürdenlauf hat das Museum nachgestellt. Hinter zwölf identischen Türen werden einem Fragen zur Flucht gestellt, ärztliche Atteste ausgestellt, und die Behörden aller drei West-Alliierten müssen erst die Spionage ausschließen, bevor es über eine Treppe ins Obergeschoss geht. Wer damals dort in einem der Zimmer mit Stockbetten angekommen war, der durfte meistens auch nach ungefähr zwei Wochen weiter umziehen – und sein neues Leben begann.

Auch heute noch fliehen weltweit Menschen vor der Unterdrückung im eigenen Land. Und seit Herbst 2010 ist Marienfelde wieder Notaufnahmelager. Für Asylbewerber.

Adresse Marienfelder Allee 66, 12277 Berlin-Tempelhof | ÖPNV S 2, Haltestelle Marienfelde; Bus M 77, Haltestelle Stegerwaldstraße | Öffnungszeiten Di–So 10–18 Uhr | Tipp Die Erinnerungsstätte vermittelt und moderiert Gespräche mit ehemaligen Flüchtlingen und bietet einmal im Monat sonntags eine Kinderführung an.

72 Der Olympia-Sprungturm

»Schrei, schrei – du musst schreien!«

Der Aufzug fährt nicht mehr. Er steckt irgendwo zwischen drei und zehn Metern fest. Wer in das dunkelblaue Wasser springen möchte, muss, wie in jedem anderen Schwimmbad auch, über die silbernen Stufen mit den Geländern an beiden Seiten hinaufsteigen. Die verschlossenen Aufzugtüren auf jeder Etage umweht aber noch die Ahnung von großen Auftritten, von Meisterschaften, Weltruhm und Medaillen. Es handelt sich hier eben nicht um einen normalen Freibad-Sprungturm, sondern um einen Olympia-Sprungturm – monumental und steinern wie alles um ihn herum und im Schatten des großen Olympiastadions gelegen.

Rechts und links säumen Zuschauertribünen das Schwimmbad, aber sie sind leer und wegen Baufälligkeit geschlossen. Die gesamte Anlage rund um das Stadion wurde für die Olympischen Spiele 1936 angelegt und strahlt einen ganz besonderen, ziemlich maroden Charme aus. Die übergroßen Dimensionen imponieren nach wie vor, etwa beim Überqueren der weiten Plätze oder auf dem endlos langen Fußweg bis zum Schwimmbad.

Zweimal am Tag wird die eigentliche Attraktion im Freibad, der olympische Sprungturm, geöffnet, und zwar von unten nach oben. Das ist der Moment, an dem sich der Bademeister von seinem Platz unter dem Sonnenschirm erhebt und die rot-weißen Absperrketten zu den einzelnen Sprungbrettern in einer bademeistereigenen Ruhe und Autorität abhängt. Unter dem Turm haben sich schon die Kandidaten versammelt: Acht Halbstarke stehen schlotternd, aber voller Erwartung vor der Treppe. Erst mal geht es auf das Fünfer. Die knielangen Badehosen kleben an den Beinen – alle trauen sich. Dann das Siebeneinhalber. Da werden die Sprüche schon lauter und die Gruppe der Wartenden am Geländer größer. Auf dem Zehn-Meter-Sprungbrett dann machen schon nicht mehr alle mit. Wenn einer wieder hochkommt, begrüßt er die anderen vorlaut: Na, immer noch hier? Von unten kommt es ermunternd: »Schrei, schrei – du musst schreien!«

Adresse Olympischer Platz 1, 14053 Berlin-Charlottenburg | ÖPNV S 3, S 75, U 2, Haltestelle Olympiastadion; Bus 104, Haltestelle Altenburger Allee | Öffnungszeiten Mai–Aug. täglich 7–20 Uhr | Tipp Glockenturm im Olympiapark: Ein Blick von der Aussichtsplattform über das Olympiastadion und die Stadt lohnt sich.

73 Das ORWO-Haus

Berlins lauteste Platte

Deutschlands erste Frank-Zappa-Straße liegt in Berlin-Marzahn. An der einzigen Kurve der Straße steht das ORWO-Haus, die ehemalige Fabrik des ostdeutschen Filmherstellers »Original Wolfen«, oder eben kurz: ORWO. Hier haben Musiker aus der ganzen Stadt für ein selbst verwaltetes Probehaus gekämpft – und gesiegt.

Auf den langen spärlich beleuchteten Fluren ist es gespenstisch still. An der Decke verlaufen alte Rohre, es riecht nach Beton. Um drei Uhr nachmittags ist fast nichts los im ORWO-Haus. Erst gegen Abend wird der unscheinbare Plattenbau zum Leben erwachen. Dieselben Flure auf den sieben Stockwerken werden in einen dichten Klangbrei getaucht sein, eine dröhnende Mischung aus Rock, Metal, Punk und elektronischer Musik wird aus den offenen Fenstern über die Grassteppe des Marzahner Industriegebiets wehen. Hier in der selbst ernannten Musikfabrik proben insgesamt 180 Bands in 90 unisolierten Studios.

1998 hat alles begonnen. Nach der Wende stand die Fabrikanlage leer. Daraufhin verwaltete die Berliner Treuhandliegenschaftsgesellschaft den rot-grauen Plattenbau mit der Adresse »Straße 13 Nr. 19–20«. In den oberen Etagen zogen zur Zwischennutzung Bands ein. Für drei Mark pro Quadratmeter konnten die Musiker hier ihre Verstärker bis zum Anschlag aufdrehen. Und das Prinzip hat funktioniert: Wer selbst laut genug spielt, hört die anderen nicht.

Das ging eine Weile lang gut, das Haus wurde immer voller – bis das Bauamt im Jahr 2004 erhebliche Brandschutzmängel feststellte. Da sich kein Investor für das Objekt fand, wurde den Mietern im Haus erst mal gekündigt. Nach vielen Protestaktionen und unzähligen Verhandlungen unterschrieb der ORWO-Haus e.V. dann 2009 den Kaufvertrag. Es ist also auch als ein Zeichen des Triumphs über Bürokratie und Bauverordnungen zu verstehen, dass das ORWO-Haus jetzt eine neue Adresse hat: die Frank-Zappa-Straße.

Adresse Frank-Zappa-Straße 19–20, 12681 Berlin-Marzahn | ÖPNV S 7, Haltestelle Poelchaustraße; Tram M 6, 16, Haltestelle Dingelstädter Straße | Öffnungszeiten aktuelle Events unter www.orwohaus.de | Tipp Im Haus finden regelmäßig Konzerte und Events statt. Mehr unter www.orwohaus.de. Der Eintritt ist frei! Auch nicht zu verpassen: Der Blick vom Dach des Plattenbaus über die Weiten Marzahns.

74__Der Palast

Platte meets Las Vegas

Wenn man sich dem großen grauen Kasten nähert, lassen die Rundbogenformen mit ihrer orientalischen Ornamentik in den Plattenelementen einen bereits ahnen, dass sich dahinter etwas verbirgt. Etwas Spektakuläres.

Und wenn man dann im Foyer steht, ist die Platte schon vergessen. Breite Treppen führen zwischen Säulen auf die oberen Etagen hinauf und dabei wird alles von oben bis unten in ein buntes Farbfeuerwerk gehüllt. Es ist die Sonne, die durch flache längliche oder runde kleine grüne, rote, gelbe und orangefarbene Glassteine in die durchgehenden, deckenhohen Fenster fällt. In Beton eingelassen, sehen die bunten Glassteine aus wie ein Steckspiel für Kinder, jedes anders und alle umwerfend und vor allem: bunt. Man möchte sie anfassen und ist versucht auszuprobieren, ob man die hervorstehenden Glassteine vielleicht durchschieben kann.

Der Prunk ist hier mit einfachen Mitteln hergestellt, was einerseits rührt und gleichzeitig beeindruckt: Die Lampen und der riesenhafte Kronleuchter in der Mitte des Foyers zum Beispiel, die mit ihren Glasröhren dem ganzen Foyer die gehörige Palast-Superlative verleihen: Es sind Milchglasröhren! Das Architektenkollektiv bezog die Glasröhren von den LPGs und zauberte daraus einen Kristalllüster der extravaganten Art – und auch der einmaligen Art.

Aber wenn es dunkel wird, dann ist keine Zeit mehr für diese liebevollen Details, denn dann springen die Lichter an, dann verwandelt sich der graue Kasten an der Friedrichstraße in die größte Theaterbühne der Welt und verzaubert sein Publikum Abend für Abend mit Revue und Varieté, mit Musik und Tanz. Es ist der Ort, an dem man sich wirklich mitreißen lassen kann, es ist Las Vegas pur.

Und seit 2020 hat die große Platte auch noch eine neue, kleinere Platte, auf die sie mit Recht stolz sein kann: Die weiß-blaue Denkmalplakette hängt jetzt an draußen der Fassade von Berlins großen Glitzer-Palast. Viva Friedrichstadt!

Adresse Der Friedrichstadt-Palast, Friedrichstraße 107, 10117 Berlin-Mitte | ÖPNV S 1, S 2, S 25, S 26, U 6, Tram 12, M 1, M 5, Haltestelle Oranienburger Tor; Bus 147, Haltestelle Friedrichstraße / Reinhardstraße | Tipp Mit dem Fahrrad: Die Friedrichstraße südlich von »Unter den Linden« zeigt, wie Stadt werden kann: Hier ist die Fahrbahn zur Fahrradstraße geworden und auch keine parkenden Autos stören mehr.

75 Das Pallasseum

Ein sozialer Wohnungsbau besiegt seinen schlechten Ruf

Das Haus ist hoch und vor allem lang. Es legt sich, auf breite Betonwände gestützt, über die Straße und noch weiter über den grauen Betonbunker auf der anderen Straßenseite – bis es auf großen Stützpfeilern im dahinterliegenden Kleistpark endet. Unzählige Balkone mit verblichenem Anstrich und noch unüberschaubar mehr Satellitenschüsseln daran sind seine Fassade. Ein sozialer Wohnungsbau aus den 1970er Jahren, wie er in jeder Stadt steht. Ein wenig verloren fühlt man sich in den Durchgängen unter dem Haus, der Wind pfeift an der Wand entlang, eine Plastiktüte flattert an einem Betonpfeiler.

Aber auf der anderen Seite gibt dasselbe Haus ein ganz anderes Bild ab: Unzählige bunte Motive leuchten von der Hauswand, eine Blume, ein Hund auf einer Wiese, ein Sonnenuntergang, Kinder, ein Glas Tee. Die Fotos sind über die grauweißen Satellitenschüsseln gespannt. Die Mieter haben sie selbst ausgesucht. Ein Bild, das über die Satelliten aus der fernen Heimat in ihr Wohnzimmer kommt, sollte es sein. Fast alle haben bei der Aktion »Von Innen nach Außen« des Künstlers Daniel Knipping mitgemacht.

Und das ist nur eines von vielen gemeinschaftlichen Projekten im Wohnblock. Es gibt ein Nachbarschaftscafé, Nachhilfe für Kleine und Sprachkurse für Große, eine eigene Zeitung, Grillabende und Trödelmärkte im Sommer und natürlich den neuen Namen: Pallasseum.

Vor noch nicht allzu langer Zeit wurde der Sozialbau an der Pallasstraße von allen »der Sozialpalast« genannt. Er war verrufen, wurde gemieden. Zu Recht: Die Haustüren standen offen, Spritzen lagen herum, und der Müll wurde kurzerhand aus den Fenstern geworfen. Ende der 1990er Jahre begann das Quartiersmanagement mit dem neuen Mieterbeirat etwas daran zu ändern. Und innerhalb von nur zehn Jahren haben sie es geschafft: 1998 standen von den 517 Wohnungen noch 100 leer – inzwischen gibt es Wartelisten für das Schöneberger Pallasseum.

Adresse Pallasstraße 3, 10781 Berlin-Schöneberg | ÖPNV U 2, Haltestelle Bülowstraße; U 7, Haltestelle Kleistpark; Bus M 48, M 85, 106, 187, 204, Haltestelle Goebenstraße | Tipp Café Palladin: Die Mittagsgerichte und Torten werden direkt aus der anliegenden Kochschule serviert, Pallasstraße 8/9.

76_Das Parkdeck der Neukölln Arcaden

… sind wir auf dem Sonnendeck!

Kurve um Kurve geht es nach oben, die Zwischendecks sind lückenlos gefüllt mit parkenden Autos, Familien, beladen mit Einkaufstüten, stehen Schlange am Kassenautomat. Vor der letzten Kurve nach oben hängt eine Kette. Wer über diese Absperrung für Autos steigt, läuft in den Himmel hinein. Oben auf dem Asphaltboden sind die weißen Parkplatzmarkierungen schon kaum mehr zu erkennen. Kein Straßenlärm, nicht mal ein Rauschen dringt bis auf das oberste Deck vom Parkhaus der Neukölln Arcaden hinauf. Nur aus den riesigen Blechpilzen brummt monoton die Lüftung aus dem Inneren des Einkaufcenters. Man lehnt an der Brüstung wie an der Reling eines mächtigen Überseedampfers und vor einem erstreckt sich bis zum Horizont das rotbraune Dächer-Meer von Berlin.

Von hier oben lässt es sich gut in das Leben da unten hineingucken. In den grauen Schluchten der Hinterhöfe lassen sich versteckte Oasen mit Rasen und Blumenkübeln entdecken.

So gipfelte das Parkdeck viele Jahre lang vergessen über den Dächern Neukölln – bis es vor Kurzem zu neuem Leben wachgeküsst wurde: An den Brüstungen klettern neuerdings Pflanzen empor, noch zaghaft zwar, aber ungestört den Weiten des Neuköllner Himmels entgegen: Holzpodeste umrahmen eine große Sandkiste und am Rand stehen gezimmerte Hütten. »Der Klunkerkranich« ist aber viel mehr als eine weitere Strandbar oder ein nächster Open-Air-Club – denn hier steht die Gemeinsamkeit an erster Stelle: Mittwoch und Samstag sind Gärtnertage und dann werden weit oben über der Karl-Marx-Straße die Kübel begrünt oder Holzbalken zersägt und neu zusammengezimmert. Und wenn die Sonne dann knallorange dem Dächermeer entgegensinkt, sich Crew und Gäste auf dem Deck versammeln und die Musik aufspielt, dann, ja dann fehlt nicht mehr viel und der riesenhafte Dampfer legt ab und begibt sich auf große Fahrt.

Adresse Karl-Marx-Straße 66, 12043 Berlin-Neukölln | **ÖPNV** U 7, Haltestelle Rathaus Neukölln; Bus 104, 167, Haltestelle U-Bahn Rathaus Neukölln | **Öffnungszeiten** Klunkerkranich: am Wochenende und unter der Woche abends, Programm unter www.klunkerkranich.de | **Tipp** Insiderführungen durch sein Neukölln bietet der gebürtige Schwabe, aber gefühlte Berliner Reinhold-Steinle. Ob eine Besteigung des Rathausturms oder durch den Schiller- oder Körnerkiez – alles ist möglich, auch kurzfristig unter www.reinhold-steinle.de oder Tel. 030/85732361.

77_Die Parkeisenbahn

Mit der Dampflok durch die Wuhlheide

Merapi heißt ein Vulkan auf Java. Und eine Dampflok in der Wuhlheide. Die kleine schwarz-rote Lokomotive fuhr viele Jahre lang auf einer Zuckerrohrbahn in Indonesien – bevor sie nach Berlin kam. Heute steht sie am Hauptbahnhof im Park. Weiße Wolken rauchen aus dem Schornstein, die Lampen leuchten wie kleine funkelnde Augen. In der Wuhlheide bildete die DDR junge Pioniere zu Eisenbahnern aus. Und auch heute noch stellt die Schmalspurbahn im Park Kinder und Jugendliche ein: als Eisenbahner.

Die rund 200 Parkeisenbahner, von denen die jüngsten elf Jahre alt sind, kümmern sich um den Betrieb der Bahn an den Wochenenden und in den Ferien: Sie verkaufen und kontrollieren die Fahrkarten, sie lassen die Züge abfahren, und sie stellen die Weichen und Signale. Die Vorschriften sind hier zwischen den Bäumen und Wiesen in der Wuhlheide dieselben wie bei der Bundesbahn. Und wer 18 Jahre alt ist, kann hier sogar Lokomotivführer werden.

Die Pioniereisenbahn wurde am 10. Juni 1956, am Ehrentag des Eisenbahners, in der DDR gegründet, und zwar nach dem Vorbild der Kinder- und Pioniereisenbahn in der Sowjetunion. Dort fuhr die allererste Kindereisenbahn schon 1935 in Georgiens Hauptstadt Tiflis.

Die rote Schirmmütze mit dem goldenen Reichsbahnemblem sitzt, die dunkelblaue Uniform passt. Die Kleidungsstücke der jungen Parkeisenbahner sind Sonderanfertigungen. Sie gleichen den Reichsbahnuniformen aus den 1960er und 1970er Jahren. Sie werden weitervererbt, doch langsam gehen die Einzelteile aus. Aber hin und wieder kommt es vor, dass ein ehemaliger Reichsbahnangestellter seinen Schrank ausmistet und seine alte Uniform zur Parkeisenbahn bringt. Denn viele von ihnen fühlen sich immer noch mit der kleinen Bahn in der Wuhlheide verbunden. Die allerersten Pioniereisenbahner fahren heute an den Wochenenden die altbekannte Strecke zusammen mit ihren Enkelkindern.

Adresse An der Wuhlheide 189, 12459 Berlin-Köpenick | ÖPNV Tram 27, 63, 67, Haltestelle Freizeit- und Erholungszentrum; S 3, Haltestelle Wuhlheide | Öffnungszeiten aktueller Fahrplan unter www.parkeisenbahn.de | Tipp Sightseeing: Am Bahnhof Freilichtbühne der Parkeisenbahn liegt der Modellpark. Dort kann man Berlin im Miniformat angucken.

78 Das Parlament der Bäume

Ein wilder Appell

Mitten im Regierungsviertel, wo jede Wegplatte gesetzt und jede Ecke abgesteckt ist, wo nichts dem Zufall überlassen wurde – da liegt dieser Ort, vollkommen ungezähmt und wild. Ein Mahnmal im ehemaligen Niemandsland der Stadt, das mit den letzten, verbliebenen Mauerstücken an die Teilung der Stadt erinnert. Aber der Ort verharrt nicht in seinem Zustand – er verändert sich, er lebt. Die Bäume, die im Jahr der deutschen Einheit gepflanzt wurden, sie überragen die Mauer inzwischen um ein Weites und der Efeu stülpt sich über den Stein, als wolle er an ihm bis in den Himmel hochwachsen. Er streckt seine Zweige nach oben und in alle Richtungen, als wolle er einem zurufen: Es ist möglich! Denk mal drüber nach!

Aber das Parlament der Bäume, das wächst und mahnt, kann man nicht denken ohne Ben Wagin. Der Künstler und Baumpate, der insgesamt in seinem Leben geschätzt 50.000 Bäume pflanzte, besetzte diesen Ort, setzte sich mit ihm auseinander, verteidigte ihn bis zu seinem Tod im Jahr 2021 gegen Bauvorhaben der Stadt – und rette so die Mauerreste und ihre Geschichte.

Jemand hat einmal gesagt: »Dieser Ben Wagin ist einer dieser verrückten Typen, die die Stadt Berlin braucht, wie die Luft zum Atmen.« Und das stimmt. Dieser Ort ist ein Berlinort durch und durch. Vieles bleibt im Dunkeln, die über den Zaun gestülpten Gießkannen, einige Sprüche und Bilder an den Mauern ebenso. Vieles erschließt sich nicht sofort, sondern gibt einem im Gegenteil etwas mit auf den Weg. Das klassische Denkmal hat immer auch eine Erklärtafel an seiner Seite. Die fehlt hier. Es ist ein Ort, der es schafft, sowohl vom Schrecken als auch von der Hoffnung zu erzählen: von Krieg, Zerstörung, Spaltung, Verdrängung und gleichzeitig vom Leben lassen, vom Wachsen, von einer friedlichen Ruhe inmitten der Stadt.

Er fordert uns heraus, selbst zu denken. Und der Frage nachzugehen: Wie wollen wir leben?

Adresse Schiffbauerdamm, 10117 Berlin-Mitte | ÖPNV U 5, S-Bahn, Haltestelle Hauptbahnhof; Bus und Tram, Haltestelle Hauptbahnhof | Tipp Wie wollen wir leben? Dieser Frage geht auch das Futurium mit interaktiven Ausstellungen zu den Zukunftsthemen wie Klima, Wohnen, Ernährung und Technologie nach. Eine Einladung an alle, Futurium, Alexanderufer 2, 10117 Berlin.

79 Der Paternoster

Ein Aufzug mit Westberliner Geschichte

Unermüdlich rattern die hölzernen Kabinen an Einbürgerung und Passvergabe vorbei. Sie halten nicht an, kennen nur ihr eigenes Tempo. Und noch immer befällt die Menschen im Paternoster eine Mischung aus unbestimmter Angst und besonderem Nervenkitzel, wenn die Kabine nach der letzten Etage in vollkommener Dunkelheit und Ungewissheit ächzend das mannshohe Zahnrad umrundet und auf der anderen Seite wieder hinunterrollt. So ging es Kulturredakteur Doktor Murkes in Heinrich Bölls Erzählung, der jeden Morgen mit dem Paternoster in sein Büro kam und dabei jedes Mal eine Extraschleife über den Dachboden fuhr – und dabei über das Auf und Ab im Leben philosophierte. Und so ging es Charlie Chaplin, der – was viele Menschen damals tatsächlich fürchteten – im Paternoster nach oben ins Dunkle fuhr und kopfüber auf der anderen Seite wieder auftauchte.

Paternoster sind selten geworden. Die beliebten »Beamtenbagger« dürfen in Deutschland seit 1972 nicht mehr gebaut werden. Die Aufzugsverordnung verbot die Neueinrichtung. Wegen der hohen Unfallgefahr sollten Mitte der 1990er Jahre sogar alle offenen Aufzüge stillgelegt werden.

Dagegen erhob sich nicht nur Protest, in München wurde eigens ein »Verein zur Rettung der letzten Personenumlaufaufzüge« gegründet, dem es zu verdanken ist, dass die bestehenden Kabinen weiterlaufen dürfen.

Der Aufzug im Rathaus Schöneberg fährt schon seit einem halben Jahrhundert: Er fuhr, als nach der Aufhebung der Blockade in Westberlin zum ersten Mal die Freiheitsglocke vom Rathausturm läutete. Er fuhr all die Jahre, als das Rathaus Schöneberg als Westberliner Regierungssitz politischer Mittelpunkt in der geteilten Stadt war. Und er fuhr auch, als sich John F. Kennedy vom Balkon des Rathauses mit dem eingekreisten Westberlin solidarisierte mit seinen berühmten Worten: »Ich bin ein Berliner.«

Adresse Rathaus Schöneberg, John-F.-Kennedy-Platz 1, 10825 Berlin-Schöneberg | ÖPNV U 4, Bus M 46, 104, Halltestelle Rathaus Schöneberg | Tipp Der Rathaus-Turm: 638 Stufen sind es bis zu der historischen Freiheitsglocke. Achtung: Jeden Mittag um 12 Uhr läutet die Glocke.

80 Der Platz des 4. Juli

700 Meter von Hitlers Autobahntraum

Wie Schiffswracks liegen sie da, mittendrin im Meer der sich immer weiterentwickelnden und fortbewegenden Stadt. Es sind Gebäude oder Plätze, sie wurden geplant und gebaut, und sie sind entweder nie fertig geworden oder schlicht in Vergessenheit geraten. Als Wracks werden sie auseinandergenommen, bunt besprüht und viele zerfallen schließlich einfach. Oft aber werden sie irgendwann wiederentdeckt – und für ganz neue Zwecke genutzt.

Diese asphaltierte Fläche, die so lang ist wie vier Fußballfelder, ist so ein übrig gebliebenes Wrack. Es war eine Kostprobe für Hitler: Ein erstes Stück Autobahn. In vier Ringen und achtspurig sollte diese nämlich den Plänen nach die neue Hauptstadt Germania umrunden. Nach 1945 übernahmen die US-Alliierten das von den NS-Architekten Albert Speer und Hans Hertlein entworfene Telefunken-Gelände neben dem Autobahnstück als Kaserne und gaben dem großflächigen Platz vor den Toren der Anlage einen Namen. Aus einem breiten, unwirklichen Straßenstück wurde ein Ort im Stadtplan: »Platz des 4. Juli«. Auf dem Übrigbleibsel von Hitlers Traum von einer Welthauptstadt hielten die Amerikaner von da an Paraden ab. Dann zogen die Alliierten ab aus dem wiedervereinigten Berlin – und der geteerte Platz, umgeben von verlassenen Kasernengebäuden, einem Friedhof und Kleingartenkolonien, blieb wieder sich selbst überlassen in einer ganz neuen Zeit, inmitten der brausenden Wogen.

Während sich Berlins Zentrum von Grund auf neu erfand, blieb es hier im Südwesten der Stadt ruhig. Und trotzdem geht es für den Platz weiter: Ein Lkw mit Anhänger übt das Wenden auf den 70 Metern Querseite, Skateboards klackern beim Aufsetzen nach dem Sprung, und jeden Sonntag füllt sich der Autobahnabschnitt mit Flohmarktbesuchern. Gleichzeitig wird diese Leere des weiten Platzes immer an Hitlers Größenwahn erinnern – denn der »Platz des 4. Juli« steht unter Denkmalschutz.

Adresse Platz des 4. Juli, 14167 Berlin-Steglitz | ÖPNV Bus 112, Haltestelle Platz des 4. Juli | Tipp Der Berliner Mauerweg: Ein Stück weiter südlich, am Teltowkanal, führt der Mauerweg entlang – ganz in der Nähe beginnt einer seiner schönsten Abschnitte: die Kirschbaumallee, von Japan »aus Freude über die Vereinigung Deutschlands« gestiftet.

81 Das Polizeimuseum

Von kleinen und großen Coups

Der Weg in die Berliner Unterwelt führt in den Keller. Hier stellt die Berliner Polizei ihre spektakulärsten Fälle vor. Von Neonröhren beleuchtet, liegen sie ausgebreitet und verewigt auf grünem Filz: die Tatwaffen, die Indizien und die Instrumente der Spurensuche in Köfferchen und ledernen Etuis.

Ganz hinten in der Ecke steht eine altbekannte gelbe Telefonzelle. Öffnet man die Tür, klingelt das Telefon – und Dagobert meldet sich. Er gibt die genaue Position der Geldübergabe bekannt. Keine Polizei! Der Kaufhauserpresser Arno Funke alias Dagobert hatte die Berliner Polizei jahrelang in die Irre geführt. Er wurde vor allem wegen seiner technischen Konstruktionen berühmt: Funke baute ferngesteuerte Fahrzeuge für die S-Bahn-Schienen, Mini-U-Boote und eine Streusandkisten-Attrappe über einem Tunnel. 1994 wurde er schließlich festgenommen. Doch Arno Funke hat was aus seinem Karriereknick gemacht. Mit »Bekenntnisse des Kaufhauserpressers« schrieb er einen Bestseller.

Im Keller warten aber noch weitere berühmte Berliner Ganoven. Zum Beispiel kann man in einem dicken Buch die handgeschriebene Originalakte zum Fall »Der Hauptmann von Köpenick« nachlesen. Und die Brüder Sass aus den 1930er Jahren lehnen weiter hinten im schwarzen Mantel und schwarzen Hut an der Wand. Immer wieder entkamen diese beiden Gangster der Polizei. Sie prahlten nach ihren Einbrüchen in aller Öffentlichkeit mit ihrer Beute und verteilten Geld an Bedürftige. Die zwei Moabiter waren wahrscheinlich die beliebtesten Bankräuber Berlins.

Das Berliner Polizeimuseum ist mit Stelltafeln, Schaukästen und lebensgroßen Wachtmeistern in Uniformen so vollgestellt, dass eigentlich kein Platz mehr für neue Fälle bleibt.

Auf einer großen Tafel in der Mitte des Raumes kann man überlebensgroße Phantombilder aus Augenpartien, Nasen aller Art und verschiedenen Mündern erstellen. Üben Sie mit bekannten Gesichtern!

Adresse Platz der Luftbrücke 6, 12101 Berlin-Tempelhof | ÖPNV U 6, Haltestelle Platz der Luftbrücke; Bus 104, 248, Haltestelle U-Bahn Platz der Luftbrücke | Öffnungszeiten Mo – Mi 9 – 15 Uhr, Do, Fr nur für Gruppen nach Vereinbarung, Tel. 030/4664762450 | Tipp Keramikmalerei Paint Your Style: Teller, Tassen oder Kannen bemalen, brennen und später abholen. Mehringdamm 73, Öffnungszeiten: Mo – Fr 12 – 21 Uhr

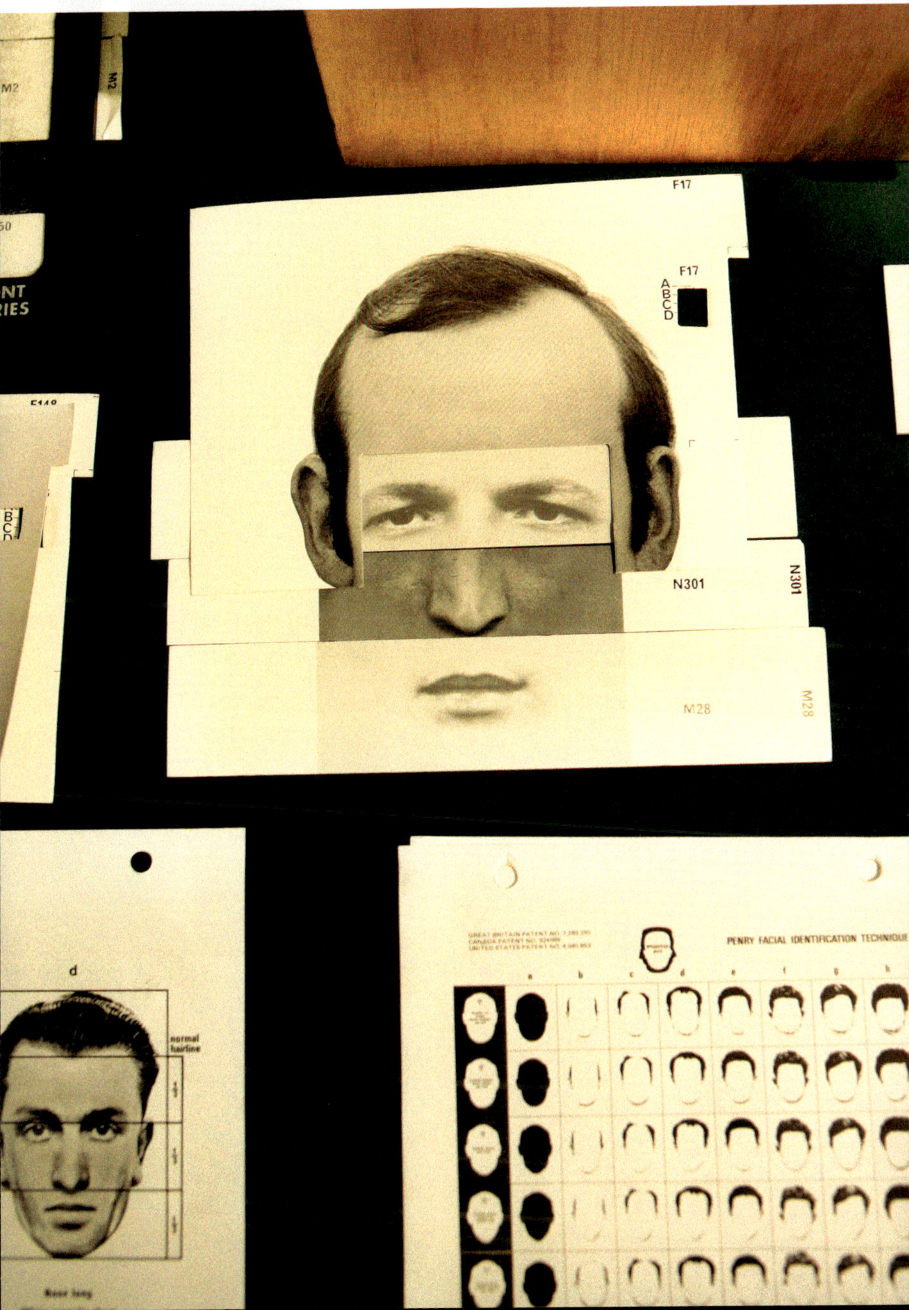

82__Der Preußenpark

Asiatischer Gusto unter freiem Himmel

Die kleinen Plastikhocker gibt es in allen Farben. In Europa würde man sie eher als Trittschemel bezeichnen. In Asien sitzt man darauf. Dort sitzt man im Allgemeinen lieber in Fußbodennähe, das gilt als einladend. Stühle, wie wir sie in Europa haben, finden Asiaten unnatürlich und schlicht ungemütlich. Im Preußenpark sind die Hocker multifunktional eingesetzt: als Verkaufsstand, Sitzgelegenheit und Tisch. Ein ganzer Markt entsteht hier jedes Wochenende auf der Wiese aus diesen Schemeln sowie aus Decken und bunten Sonnenschirmen.

Zuerst steht man noch unschlüssig inmitten der exotisch-würzigen Düfte – doch dann geht alles ganz schnell, und schon ist der Teller, den man in den Händen hält, beladen mit süß marinierten gegrillten Fleischspießen, frittierten Gemüsebällchen, Erdnusssoße, dazu Klebreis, Koriander und Minze. Einige Hocker weiter wird frischer Limettensaft gepresst. Sitzplätze gibt es auf den Decken hinter den Ständen.

Von hier aus lässt sich das asiatische Miteinander im Park bestens beobachten. Jedes Wochenende – und bei gutem Wetter auch unter der Woche – treffen sich Thailänder, Vietnamesen und andere Asiaten im Preußenpark. Sie essen gemeinsam, verkaufen nebenbei ihre Spezialitäten und verbringen Zeit miteinander. Das Arbeiten und Ausruhen geht auf den Decken ineinander über. Direkt hinter der Süßigkeitenverkäuferin mit ihren undefinierbaren zuckrig-klebrigen Würfeln sitzen ihre beiden Töchter und lesen. Jemand setzt sich dazu, man unterhält sich und probiert von dem Essen. Auf anderen Decken weiter abseits gibt es Thai-Massagen im Schatten, und ein Clown verknotet Luftballons für die Kinder.

Die kleinen Hocker haben noch einen Vorteil: Sie sind äußerst handlich und leicht zu stapeln. Je mehr Gäste, Freunde und Verwandte kommen, desto schneller lässt sich die Runde vergrößern – und abends ebenso leicht wieder zusammenräumen.

Adresse Brandenburgische Straße (gegenüber Hausnummer 56), 10707 Berlin-Wilmersdorf | ÖPNV U 7, Haltestelle Konstanzer Straße; Bus 101, Haltestelle U-Bahn Konstanzer Straße; Bus 104, Haltestelle U-Bahn Fehrbelliner Platz | Öffnungszeiten bei schönem Wetter | Tipp Der Flohmarkt auf dem Fehrbelliner Platz: Zum Schlendern nach dem Mittagessen perfekt, jeden Samstag und Sonntag geöffnet.

83__Die Prinzessinnengärten

Mitmachen!

Kuba hat es vorgemacht. Als die Grundnahrungsmittel nach dem Zusammenbruch der Sowjetunion ausblieben, haben sich die Menschen in den Städten zusammengeschlossen und auf den Hausdächern, in den Hinterhöfen und auf den Verkehrsinseln Gemüse angebaut. Sie halfen sich aus mit Setzlingen und guter Erde, gaben Anbautipps, tauschten Erträge und Rezepte untereinander aus. Die beiden Gründer vom Prinzessinnengarten in Kreuzberg finden, dass urbane Landwirtschaft auch in der Wohlstandsgesellschaft einen nachhaltigen und vor allem nachbarschaftlichen Zweck erfüllen kann – und haben am Moritzplatz angefangen, Gemüse in übereinandergestapelten Plastikkörben zu ziehen.

Inzwischen ist aus dem Experiment am Kreisverkehr eine feste Institution in der Stadt geworden. Die Prinzessinnengärten sind umgezogen. Sie haben sich feste Holzbeete gezimmert und machen weiter – für alle und mit allen. Zu jedem Saisonbeginn wachsen hier am Neuen Friedhof St. Jacobi unter anderem 20 unterschiedliche Sorten Minze, 16 alte Kartoffelpflanzen und die ein oder andere vergessene Tomatenart. Alle Pflanzen werden in Setzkästen gezogen, und das meiste wird auch an Ort und Stelle geerntet und verarbeitet – nämlich in dem Café im Selbstversorgergarten. Die Gemüselasagnen und Salate aus der mobilen Küche schmecken besonders gut, nicht nur, weil man sieht, dass alles, was auf die Gabel kommt, auch um einen herum wächst.

Der Versuch, einen urbanen, biologischen und sozialen Garten inmitten der Stadt aufzubauen, ist geglückt. Die Nachbarn kommen, bringen neue Sorten, kaufen Gemüse ein – und genießen in dem kleinen schattigen Wäldchen im hinteren Teil des Gartens das frische Essen.

Mit Workshops will der Prinzessinnengarten diesen gemeinschaftlichen Ansatz verstärken. Da geht es dann beispielsweise um alte Sorten, Wurmkompost, Stadtbienen, Einmachen, saisonales Kochen, Recycling und ganz allgemein eben ums Selbermachen.

Adresse Prinzenstraße 35–38/Prinzessinnenstraße 15, 10969 Berlin-Kreuzberg | ÖPNV U 8, Bus M 29, Haltestelle Moritzplatz | Öffnungszeiten Der Garten hat täglich geöffnet, ehrenamtlich. Macht gerne mit! | Tipp Einfach machen: In Berlins größtem Material-Kaufhaus MODULOR wird jeder kreativ: Über 30.000 Materialen für alle, die gerne gestalten.

84 Die Reichenberger Straße

Archäologie des Alltags

Jede Straße hat ihr eigenes Gesicht. Es ist geprägt von den Läden, von dem Lichteinfall zu den verschiedenen Tageszeiten und von ihren speziellen Gerüchen. Kleine Kinder lernen in der Straße, in der sie aufwachsen, die Welt verstehen. Sie gehen den Weg zum Bäcker, sie müssen an den dunkleren Hauseingängen vorbei, sie beobachten die Menschen an der Bushaltestelle und fürchten sich vor dem Hund aus dem Nachbarhaus. Jeder kennt »seine« Straße auf diese Art. Auf eine sinnliche Art. Oft fällt es einem erst auf, wenn man zurückkommt in die Straße, in der man viele Jahre gelebt hat.

Es gibt noch eine andere Art, eine Straße kennenzulernen, nämlich indem man nach der Geschichte der Straße sucht und erkennt, wie sie sich immer wieder verändert hat. In der Reichenberger Straße haben die Spuren der Vergangenheit eine feste Form. An der Ecke Manteuffelstraße verlaufen mitten auf dem Gehweg Schienen, dazwischen sind im buckeligen Kopfsteinpflaster Hufeisen eingelassenen. Hier fuhr früher einmal die Pferde-Tram. Ab dort stößt man in unregelmäßigen Abständen auf quadratische Betonplatten auf dem breiten Gehweg. Sie fallen kaum auf, weil sie ähnlich groß sind wie Kanaldeckel. In dem Beton sind Werkzeuge eingebettet: Schraubenschlüssel, Zangen, ein Zahnrad – und an der Ecke Ohlauer Straße findet sich sogar eine versteinerte Klaviertastatur. Dort hatte einmal eine Zweigstelle der Firma Bechstein ihren Platz.

Die Stadt ist beschrieben – und wird ständig neu überschrieben. Es gibt viele Schreibweisen, und alle zeigen verschiedene Perspektiven auf das Leben in einem Viertel und in einer Straße. Die meisten sind kurzlebig wie Graffiti oder Kunstaktionen. Die in Beton eingegossenen Mosaiken sind beständiger. Sie drängen sich nicht auf, selbst die Ladenbesitzer von heute kennen ihre Bedeutung nicht einmal mehr – aber sie lassen die Straße ihre Geschichte erzählen.

Adresse Reichenberger Straße, zwischen Manteuffel- und Lausitzer Straße, 10999 Berlin-Kreuzberg | ÖPNV U 1, Haltestelle Görlitzer Bahnhof; Bus M 29, Haltestelle Ohlauer Straße | Tipp Petersilie, Portulak und frische Minze: Nur einen Häuserblock weiter auf der anderen Seite des Kanals ist jeden Dienstag und Freitag der »Markt am Maybachufer«.

85 Der Ring an der Potsdamer Brücke

Ein Denk-Mal mit Ausrufezeichen

Es gibt sie zahlreich: Stellen in der Stadt, die eigentlich Un-Stellen sind. Sie werden nicht wahrgenommen, haben keine Bedeutung und sind oft pure Funktion. So auch hier: Ein formloses gelb gestrichenes Brückengeländer über dem Landwehrkanal, eine Brücke, die noch dazu eine Verkehrsinsel ist, was das Drüberhinweghetzen noch verstärkt. Schnell zur nächsten Ampel, ist der einzige Gedanke, der Platz hat.

So geht man wieder und wieder über die Potsdamer Brücke, bevor einen etwas stutzen lässt: Dieser Ring am Brückengeländer war immer schon da. Es ist kein Rettungsring. Was dann? Und wie kam er an das Geländer? Nach ausgiebiger Untersuchung des Gegenstandes stellt man fest: nichts! Ein in sich geschlossener Ring aus Bronze – und weder am Ring noch am Geländer sieht man Spuren, die erklären könnten, wie der Ring um die Stäbe befestigt wurde.

Norbert Radermacher heißt der Künstler, der mit seinem Ring an der Brücke genau das beabsichtigte. Seine Kunstwerke sind wahre »Denk-Male«, sie wollen den unvorbereiteten, vorbeihastenden Blick finden – und überraschen. Auf der anderen Seite der Brücke liegt die Neue Nationalgalerie, wo der eilige Brückenüberquerer vielleicht am Ziel ist, um ganz vorbereitet Kunst zu betrachten und aufzunehmen.

Für die Ausstellung »1945–1985, Kunst in der Bundesrepublik Deutschland« schweißte Radermacher den bronzenen Ring ohne offizielle Genehmigung am Brückengeländer zusammen. Im Ausstellungskatalog wurde der Ring aufgeführt, auf der Abbildung war allerdings nur ein Teil eines Geländers zu sehen, ohne Ring. Auf der Brücke erklärte kein Hinweisschild den Ort zum Teil der Ausstellung. Auch diejenigen, die das Kunstwerk also sehen wollten, konnten nur zufällig darauf stoßen. 1993 wurde das Kunstwerk bei Streicharbeiten am Geländer von den Malern kurzerhand »entsorgt« – seitdem ringt sich eine Kopie ums gelbe Geländer.

Adresse Potsdamer Brücke über den Landwehrkanal, 10785 Berlin-Tiergarten | ÖPNV U2, Haltestelle Mendelssohn-Bartholdy-Park; Bus M29, M48, M85, Haltestelle Potsdamer Brücke | Tipp Lunchkonzerte: Jeden Dienstag um 13 Uhr spielen die Berliner Philharmoniker im Foyer der Philharmonie, Herbert-von-Karajan-Straße 1, eine gute halbe Stunde Kammermusik. Der Eintritt ist frei!

86 Die Robinie und die Tonne

Kampf der Giganten

Wenn man den Park von der Möckernstraße aus betritt, dann muss man ihn zuerst erklimmen. Denn das ehemalige Gleisbett liegt oberhalb. Man lässt die Stadt unter sich zurück – und schon erblickt man ihn: den Kampf der Giganten. Obwohl, zuerst sieht man nur eine Gruppe von Robinien neben dem Hauptweg stehen. Erst auf den zweiten Blick erkennt man die alte rostige Tonne. Der Hauptstamm der Robinie wächst aus ihr heraus. Vielleicht hielt die Tonne hier neben dem Bahngleis einst ein Schild oder eine Laterne, dann flog die Robinie als winziger Samen hinein und begann ihre Wurzeln zwischen den Steinen, die sie beschweren sollten, zu schlagen. Eine kleine Pflanze wuchs neben Schild oder Laterne empor, höher und höher, Jahr um Jahr, stärker und stärker.

Längst hat sie sich aus ihrer Wiege emporgeschwungen, hat sich über ihren Rand hinweggewölbt, ihre Wurzeln müssen bereits den Boden durchbrochen haben.

Sie wird als Sieger aus dem Kampf hervorgehen, so viel steht jetzt schon fest. Aber noch kann man das Ringen beobachten – und hören: Im Wind ächzt und knarzt es. Es ist die Tonne, die dagegenzuhalten versucht, was in ihr immer mächtiger zu werden droht, sie zu sprengen versucht. Schon blättert das rostige Metall wie Stofflappen an einer Seite herab. Sie ist schon längst nichts weiter als eine lästige Hülle. Es bleibt ihr keine Wahl: Sie muss die Niederlage annehmen.

Und wenn man dann weiter hinein läuft in den Park, erkennt man, dass dies nur der Anfang ist: Hier hat sich die Natur überall ihren Raum zurückgeholt, sie überwuchert Schienen, Brücken und Bahnanlagen. Und dieses Spektakel, das sich unserer zeitlichen Vorstellungskraft entzieht und vor dem wir staunend stehen und uns auf seltsame Weise getröstet fühlen, dies als weitflächigen und verwunschenen Park anzulegen, das war eine der besten Ideen, die Berlin passieren konnte.

Adresse Park am Gleisdreieck, Möckernstraße /Wartenburgstraße, 10963 Berlin-Kreuzberg | ÖPNV U 6, U 7, Haltestelle Mehringdamm; Bus M 19, 140, Haltestelle Großbeerenstraße | Tipp Skaten und gucken: Im Skatepark – ein Stück weiter im Park – fühlt man sich plötzlich wie in New York: Skate-Bowls, Streetball, Graffiti an der Bahnmauer – und im Hintergrund kreuzen sich die U-Bahnen auf den Hochbahngleisen.

87 Der S-Bahnhof Siemensstadt

Spuren der Zeit

Von der Bahnhofsuhr ist nur noch ein leerer rostiger Ring geblieben. Hohl und geisterhaft hängt er vom Dach herunter. Die Zeiger, die hier am Bahnhof Siemensstadt einmal die Minuten bis zum Schichtbeginn anzeigten, fehlen, ebenso das Ziffernblatt. Und in die Stille auf dem verlassenen Bahnsteig mischt sich ein Nachhall von denjenigen Geräuschen, die hier einmal den Ton angegeben haben – quietschende S-Bahn-Bremsen, das Zuknallen der Eisenbahntüren, die vielen eiligen Schritte zur Treppe, Werkssirenen für den Schichtbeginn. Die Siemens-Bahn spuckte vor den Siemens-Werkstoren tausende von Arbeitern aus ganz Berlin aus. In den Spitzenzeiten hielten S-Bahn-Züge mit bis zu zwölf Wagen im Zwei-Minuten Takt.

Sieht man vom Bahnsteig hinüber zu den mächtigen Backsteingebäuden der Siemens-Werke, dominiert noch heute der große Uhrenturm im Kolossalstil der 1930er Jahre. Er lässt keine Zweifel. Hier regierte die gemessene Zeit. Schnell musste es gehen, als um 1900 das Kabelwerk als erstes Gebäude am Nonnendamm gebaut wurde. Es erhob sich noch als grober, rechteckiger Klotz inmitten von Wiesen und Feldern. Dann folgte die Bahnverbindung. Und in wenigen Jahrzehnten erstand hier ein Industriekomplex, den die Welt noch nicht gesehen hatte. Zigtausende von Arbeitern, Ingenieuren und Verwaltungsmenschen sorgten dafür, dass Kabel und Relais, Radios und Waschmaschinen, Lokomotiven und Dampfturbinen in alle Welt gingen. 1930 folgte auf den umliegenden Nonnenwiesen eine Wohnstadt für die Arbeiter, die Großsiedlung Siemensstadt.

Seit 30 Jahren fährt keine Bahn mehr auf der Strecke, und eine Firma namens »Siemens Technopark« sucht Mieter für die Büros im monumentalen Backsteinhaus. Auf dem verlassenen Bahnsteig lässt sich die Zeit nur noch an den dichten Brombeeren messen. Vielleicht kein Ort mehr zum Ankommen. Aber ein Ort zum Anhalten.

Adresse Rohrdamm, Höhe Hausnummer 83, 13629 Berlin-Spandau | ÖPNV U7, Haltestelle Rohrdamm; Bus 123, Haltestelle U-Bahn Rohrdamm | Tipp Siemensstadt: Führungen durch Industrielandschaft, Wohngebiete und auf den Siemensturm führt Karl H.P. Bienek. Informationen per E-Mail info@bnktxt.de oder unter Tel. 030/3817507.

88__Die Schaukeln im Mauerpark

Voll aus dem Leben

Jeder Mensch weiß: Schaukeln macht den Kopf frei. Es gibt viel zu wenige Schaukeln in der Stadt. Die Spielgeräte erfüllen ihren Zweck für Kinder, aber an die großen Menschen wurde kaum gedacht. Im Mauerpark stehen allerdings oben auf dem Hang fünf Exemplare mit eindrucksvoll langen Ketten. Sie schwingen weit über den Abgrund hinweg, sodass die Füße die Dächer auf der anderen Seite des Mauerparks berühren – und immer höher steigen, bis in den Himmel hinauf. Man kann entweder Richtung Morgensonne oder aber in den Sonnenuntergang hineinschaukeln.

Darunter führt der Park wie eine grüne Schneise mitten durch die Stadt. Früher verlief hier die Mauer. Oben war Osten und unten Westen. Diese Hanglage bedeutete für die Grenzsoldaten, dass sie hier jahrelang an der steilen Schräge entlangpatrouillieren mussten – bis Ostberlin in den 1980er Jahren mit einem Gebietstausch die Grenze bis in die Ebene nach unten verschoben hat. Einige Relikte aus dieser Zeit lassen sich noch aufspüren, wie die bunt besprühte Hinterlandmauer hinter den Schaukeln und auf dem Hauptweg die zugemauerten Löcher an den Stellen, wo früher die Strahler standen, die grell und unerbittlich den Todesstreifen ausleuchteten.

Heute tobt über den Spuren der Vergangenheit die Gegenwart in ihrer intensivsten Form. Der Mauerpark ist Berlins lebendigste Bühne. Egal, ob Flohmarkt, Musik, Tanz, Graffiti oder Mode – wenige Plätze in der Stadt strotzen so vor Leben. Jeden Sonntag lassen sich im Amphitheater Groß und Klein mitreißen, wenn beim Open-Air-Karaoke andere ihre Lieblingslieder vorsingen.

Es gibt keinen besseren Platz, um in die Schwerelosigkeit abzuheben, allen Ballast abzuschütteln und das Kribbeln im Bauch in vollen Zügen zu genießen. Man muss die Großstadt lieben, wenn man hier ist.

Adresse Schwedter Straße, 10437 Berlin-Prenzlauer Berg | ÖPNV U 2, Haltestelle Eberswalder Straße; U 8, Haltestelle Bernauer Straße; Tram M 10, Haltestelle Friedrich-Ludwig-Jahn-Sportpark; Bus 247, Haltestelle Wolliner Straße | Tipp Die Kapelle der Versöhnung: Die Kirche der Versöhnung stand auf dem Todesstreifen und wurde noch 1985 für die Verstärkung der Grenzanlagen von der DDR gesprengt. Heute steht an ihrer Stelle die hölzerne Kapelle, Gedenkstätte Berliner Mauer, Bernauer Straße 111/119.

89 Der Schwarz-Weiß-Fotoautomat

Ein ganz besonderer Streifen

Sie sehen aus wie gewöhnliche Passbildautomaten – und sie sind auch gewöhnliche Passbildautomaten, nur, dass sie aus unerklärlichen Gründen zu Berliner Kultstätten geworden sind. »Fotographiere dich selbst!«, steht auf dem Schild neben dem trüben, welligen Spiegel. Und in der Kabine steht noch: »Bitte respektieren Sie nach 23.00 Uhr die Nachtruhe!« Beim Sich-selbst-Fotografieren geht es anscheinend geräuschvoll zu.

Das liegt daran, dass es sich rumgesprochen hat. Für zwei Euro gibt es die beliebten schwarz-weißen Erinnerungsstreifen. Und so verabreden sich vor den Knipsbuden Pärchen, Austauschschüler, Kollegen, Eltern, Kinder, Partygänger und Nachhausegeher und warten einzeln oder in Gruppen vor der Kabine, bis der Automat die Bilder der anderen ausgespuckt hat und sie endlich an der Reihe sind.

Im Inneren herrscht zuerst großes Durcheinander, bis alle rund um den Drehstuhl Platz gefunden haben. Der ein oder andere Kopf versucht sich noch ein bisschen mehr ins Zentrum zu quetschen, dann konzentrieren sich alle auf das Blitzlicht. Nach dem ersten Bild lässt die Spannung ein wenig nach. Der zweite Blitz kommt unerwartet schnell, der dritte lässt auf sich warten. Ungläubig gucken die meisten beim letzten Auslöser. Dann schnell wieder raus – und warten. Die Ruhe vor dem Sturm. Denn wenn der Streifen erscheint, gibt es kein Halten mehr für die aufgestaute Spannung.

Auch sehr beliebt sind Foto-Botschaften: Wort für Wort auf Blätter schreiben und dann bei jedem Foto ein Papier hochhalten, sodass am Ende auf dem Fotostreifen der ganze Satz zu lesen ist. Aber der eigentliche Grund, warum die Schwarz-Weiß-Bilder so gut ankommen, ist ganz einfach: Man sieht immer gut darauf aus. Die leicht überbelichteten Fotos zeigen ein ebenes und klares Gesicht, keine Augenringe, keine Falten. Also in jeder Hinsicht eine schöne Erinnerung.

Adresse Veteranenstraße 21, 10119 Berlin-Mitte | ÖPNV U 8, Haltestelle Rosenthaler Platz | Tipp Sich treu geblieben: Das Kunsthaus ACUD ist das einzige noch vorhandene Kulturhaus aus der Nachwendezeit. Heute sind hier Kino, Theater, Galerie und Ateliers unter einem Dach.

90__Der Schwerbelastungskörper

Größenwahn zum Anfassen

Jahrelang stellte der runde Koloss ein ungelöstes Rätsel dar. Es gab zahlreiche Versuche, diesen Betonklotz inmitten der Kleingärten zu deuten: Bunker, Wasserturm oder Gefechtsstand. Aber jeder Ansatz hinkte. Denn die Erklärung für dieses Monstrum aus 12.650 Tonnen Beton war schlicht nicht vorstellbar. Bis man die Pläne fand:

Dieser überdimensionale Körper sollte den Boden testen für ein vollkommen unabsehbares Vorhaben. Nach den Plänen des NS-Generalbauinspektors Albert Speer sollte an dieser Stelle der 117 Meter hohe Triumphbogen für Hitlers Germania stehen. Unter dem Bogen hätte die Nord-Süd-Achse bis zu der sogenannten »Halle des Volkes« geführt, die dann als größtes Gebäude der Welt bis zu 180.000 Menschen fassen sollte. Als Albert Speer seinem Vater die Modelle von Germania zeigte, soll dieser zu seinem Sohn gesagt haben: »Ihr seid komplett verrückt geworden.«

Aber die Verrücktheit zeigte doch noch so realistische Züge, dass Speer nichts dem Zufall überließ. Von April bis Oktober 1941 wurde also dieser Betonklotz gegossen – um die Standfestigkeit des Bodens an Ort und Stelle zu testen.

Es war und bleibt unmöglich, dieses Testobjekt zu sprengen oder auf andere Weise abzutragen – und so erinnert es nach wie vor an die ungeheuerlichen Pläne für diese Stadt. Inzwischen hat er einige Spitznamen erhalten wie »Pilz«, »Naziklops« oder auch »Siegesversuchsklotz«. Vom Aussichtsturm auf dem Gelände lässt sich der Wahnsinn in seiner ganzen Tragweite ahnen: Auf diese 14 Meter Höhe hätte der Boden aufgeschüttet werden sollen für die Trasse, auf welcher die Achse durch Berlin verlaufen sollte. Der Schwerbelastungskörper wäre wieder zugeschüttet worden – aber auch alle Wohnhäuser zwischen Tempelhofer Feld und Hauptstraße hätten diesem Größenwahn weichen müssen.

Adresse General-Pape-Straße 60, 12101 Berlin-Tempelhof | **ÖPNV** S 1, Haltestelle Julius-Leber-Brücke (10 Minuten Fußweg); Bus 104, Haltestelle Kolonnenbrücke | **Öffnungszeiten** April–Okt. Di, Mi 14–18 Uhr, Do 10–18 Uhr, So 13–18 Uhr | **Tipp** Geschichtsparcours Papestraße: Neben der Kolonnenbrücke beginnt der Stationenlauf durch die Vergangenheit, der in 14 Abschnitten bis zum Südbahnhof führt.

91_Die Sehitlik-Moschee

Offen für Begegnung

Als Gast ist man bemüht, alles richtig zu machen. Denn schließlich wurde man zur Begrüßung freundlich, aber bestimmt darauf hingewiesen, dass das Betreten der Moschee nur mit Strümpfen erlaubt sei. Also müssen die Schuhe oberhalb der marmornen Freitreppe ausgezogen und in ein dafür vorgesehenes Fach im Inneren neben der Tür verstaut werden. Aber wenn der Boden kalt und nass ist, ist es gar nicht so einfach, den zweiten Schuh in der Luft aufzuschnüren, ohne den Teppich zu beschmutzen, ohne das Gleichgewicht zu verlieren und ohne dabei den Eingang zu blockieren. Während des ungewohnten Balanceaktes kommen Gemeindemitglieder die Treppe hoch, schlüpfen leichtfüßig und ohne hinzusehen aus den Schuhen, schalten dabei noch gleichzeitig das Handy aus und huschen an einem vorbei ins Innere, um zu beten.

Im hellen Innenraum mit den vielen bunten Glasfenstern und der farbenprächtigen Ornamentik dominiert das warme Türkis des Teppichs, der die ganze Moschee ausfüllt. Flüsternd bleibt man am Eingang stehen. Aber die Regel mit den Schuhen scheint auch schon die strengste Vorschrift in dem Gebetsraum zu sein – denn sogleich werden die Gäste freundlich begrüßt: Die Moschee freue sich jederzeit über Besuch. Es sei im Übrigen ein offenes Haus, das heißt: Jeder darf sich hier ruhig laut unterhalten und überall umschauen. Und gern beantworten die Gemeindemitglieder Fragen zu der Moschee und dem türkischen Friedhof davor. Fotos dürfen selbstverständlich auch gemacht werden – nur nicht von den Betenden, denn da würde man ja nur die Hinterteile sehen, so der Wortlaut. Die Sehitlik-Moschee ist offen für alle – und das strahlt sie auch aus.

An der Treppe, die nach oben zum Turm führt, hängt ein Schild: »Nicht erschrecken, wenn der laute Gesang einsetzt« – diese Warnung ist durchaus ernst zu nehmen, denn der Muezzin ruft hier über Lautsprecher zum Gebet.

Adresse Columbiadamm 128, 10965 Berlin-Neukölln | ÖPNV Bus 104, Haltestelle Friedhöfe Columbiadamm | Öffnungszeiten täglich vom ersten bis zum letzten Gebet – Gebetszeiten und Führungen unter www.sehitlik-camii.de oder Tel. 030/6921118 | Tipp Zusammen gärtnern: Der Pyramidengarten gleich nebenan ist mehr als »nur« Garten. Er ist ein Ort der Begegnung. Er lebt von der Vielfalt an Pflanzen, Menschen, Kulturen und Religionen. Immer sonntags 14–16 Uhr.

92 Die offene Siebdruckwerkstatt

Neuköllns neue Kleideri

Auf der Internetseite präsentieren die Schüler ihre eigene Kollektion. Auf den T-Shirts steht »R wie Rütli«, »Dickkopf« oder »44 bleibt Ghetto«. Ihre Posen sind selbstbewusst, der Blick herausfordernd, ihre Hände zeigen das Victory-V in die Kamera.

Die Idee für das Label »Rütli-Wear« entstand 2006 im Norden von Neukölln. Als die SDW-Neukölln dort ihre Siebdruckwerkstatt einrichtete, gab es in den Nachbarstraßen vor allem eins: Leerstand. Neukölln war Problembezirk, niemand wollte freiwillig hier leben. Nicht zuletzt der Hilferuf von den Lehrern der Rütli-Schule sorgte dafür, dass der Bezirk immer mehr schlechte Schlagzeilen bekam. Die Gründer der Siebdruckwerkstatt wollten vor allem dagegen etwas unternehmen – und haben zusammen mit den Schülern der Rütli-Schule Motive designt und auf T-Shirts gedruckt. So entstand das eigene Label. Das Besondere daran: Die Klamotten werden nicht in China produziert – jedes einzelne Stück wird in Neukölln von Hand gesiebdruckt.

Die SDW-Neukölln will aber nicht nur die Schüler motivieren, ihre eigenen T-Shirts zu gestalten und auf den Straßen zu präsentieren, sondern auch alle anderen. Jeder darf sein Lieblingsmotiv oder seinen Leitspruch als Schwarz-Weiß-Kopie in die offene Werkstatt mitbringen – und selbst drucken. Nach einem Einführungskurs, in dem Arbeitsschritte und Werkstattregeln erklärt werden, darf man immer wiederkommen und sein Sieb von Neuem belichten.

Und es tut gut, so ein Tag in der Werkstatt. Der süßlich-zähe Geruch von Farbe hängt schwer in der Luft. Alles andere drum herum verliert während der Zeit hier drinnen an Bedeutung – das Einzige, was zählt, ist der Druck. Und tritt man abends wieder vor die Tür der Werkstatt, hat man einen ganz neuen Blick für die T-Shirts, die einem auf der Straße entgegenkommen. Welche von ihnen sind wohl auch Unikate?

Adresse Taborstraße 3, 10997 Berlin | ÖPNV U 8, Haltestelle Schönleinstraße; Bus M 29, 171, 194, Haltestelle Pflügerstraße | Öffnungszeiten Di – Fr 10 – 19 Uhr, www.sdw-neukoelln.de | Tipp Für immer Punk: Ein Urgestein unter den Orten dieser Stadt, das sich treu geblieben ist und das sich deshalb unserer ewigen Liebe gewiss sein darf: DER CLUB DER VISIONÄRE, Am Flutgraben 1.

93__Die Spinner-Brücke

Hüttenstimmung beim AVUS-Treff

Auf der Internetseite steht nicht, wie der nächste S-Bahnhof heißt, dafür die GPS-Koordinaten: Nord 52° 26 Min. 00 Sec. Ost 13° 11 Min. 25 Sec. Denn wer zum AVUS-Treff kommt, der ist meistens motorisiert, und zwar auf zwei Rädern.

Das Chrom blitzt in der Sonne, hier und da wird ein Motor bis zum Anschlag aufgedreht, und zwischen den parkenden Motorrädern flanieren die Besitzer gemächlich auf und ab. Die Spinner-Brücke war schon immer ihr Treffpunkt. Eine kleine Imbissbude stand hier, wo sich die Westberliner Motorradfahrer bei gutem Wetter trafen, um die Touren für die nächste Saison zu besprechen – oder um gemeinsam über die AVUS zu rasen. Rasen darf man heute nicht mehr auf der Stadtautobahn, und aus dem kleinen Imbiss ist ein Lokal mit rustikaler Einrichtung und großer Terrasse geworden. Etwas steif tragen die Gäste in den dicken Ledermonturen ihre Tabletts zu den Tischen. Die Laune ist gut. Es erinnert ein bisschen an die Stimmung auf einer Skihütte. Das kommt nicht von ungefähr: Der Besitzer des Gasthauses »Spinner-Brücke« ist leidenschaftlicher Motorradfahrer – und Österreicher.

Es gibt zwei Erklärungen, wie die Spinner-Brücke zu ihrem Spitznamen gekommen ist: Die einen sagen, der Name stamme natürlich von den Nicht-Motorradfahrern, die den Kopf über diese Ansammlung von lauten Rasern in fransigen Lederjacken schütteln. Andere wieder behaupten, den Namen für die Brücke gäbe es schon viel länger, nämlich schon seit der Zeit der ersten Autorennen auf der AVUS. Damals sollen die »Technik-Spinner« stundenlang von der Brücke aus auf den grauen Asphalt gestarrt und auf ihre Wundermaschinen gewartet haben.

Der Saisonauftakt am 1. Mai ist der Höhepunkt des Jahres auf der Spinner-Brücke – und schon lange kein Geheimnis mehr: An die 30.000 Motorradfreunde kommen dann zu der großen Biker-Brücken-Party.

Adresse Spanische Allee 180, 14129 Berlin-Zehlendorf | ÖPNV S 1, S 7, Haltestelle Nikolassee; Bus 112, Haltestelle S-Bahn Nikolassee; Bus 218, Haltestelle Badeweg | Tipp Pack die Badehose ein! Ein Stück weiter in den Grunewald hinein kommt man zum Strandbad Wannsee.

94 Der Spreetunnel

Abgetaucht

Google Earth sieht alles. Fast alles. Es gibt immer noch Ecken und Winkel, die von der Google-Kamera nicht erfasst sind. Zum Beispiel der Spreetunnel. Vielleicht liegt es daran, dass er so leicht zu übersehen ist.

Dort, wo die Spree als kleiner Fluss aus dem Müggelsee weiter in Richtung Köpenicker Altstadt fließt, guckt alles hinaus aufs Wasser: Die Bänke unter den riesenhaften alten Bäumen, die Menschen am Ufer und die ausladenden Uferterrassen an den Seeseiten der Villen. Ganz am Rand der kleinen Uferpromenade, unscheinbar und auf dem Google-Bild unter dem dichten Blätterdach der Bäume fast nicht zu erkennen, steht auf schlichten weißen Holzsäulen ein geziegeltes Dach. Darunter führen Treppen steil hinab – bis unter das Wasser. »Erbaut und versenkt 1926« steht über den Stufen. Der grün geflieste Spreetunnel verbindet seitdem Friedrichshagen mit der Kämmereiheide am Westufer des Müggelsees.

Der Tunnelbau am Müggelsee war eine Sensation. Man suchte damals nach einer Möglichkeit, den Ansturm der Berliner vor allem an den Wochenenden bewältigen zu können. Bis dahin hatte eine Dampffähre die Ausflügler auf die andere Spreeseite Richtung Müggelschlösschen und Müggelturm gebracht. Doch es kam zu immer längeren Wartezeiten, und der unaufhörliche sonntägliche Fährbetrieb störte den übrigen Schiffsverkehr erheblich. Da die Schifffahrtsbehörde einer Brücke an dieser Stelle nicht zustimmen wollte, wurde nach jahrelanger Diskussion entschieden, einen Tunnel in der Spree zu versenken. Es war das erste Mal, dass in Deutschland ein Tunnel als Senkkasten aus Stahlbeton ins Wasser gelassen wurde. Per Luftdruck gelangte die Betonröhre an ihren Bestimmungsort. Und so kommt es, dass die alte Fährschiffanlegestelle heute ein ruhiger Platz ist, von wo aus sich der Blick über dem Wasser verlieren kann – und ein geheimer Tunnel auf die andere Seite führt.

Adresse Josef-Nawrocki-Straße (hinter Hausnummer 16), 12587 Berlin-Köpenick | ÖPNV Tram 60, 61, Haltestelle Müggelseedamm/Bölschestraße | Tipp Den Tunnel überqueren: zum Beispiel auf einem Floß, bei »Floß und los« im Seebad Friedrichshagen, Müggelseedamm 216.

95__Die Stadt der Tiere

Auf Augenhöhe

Sichtbeton, flache Wasserflächen und vor allem viel freie Fläche. Die Anlage könnte in Mitte neben dem Kanzleramt liegen und würde nicht groß auffallen. Aber hier am Rande der Stadt, wo ringsherum schon Ackerland und Weiden beginnen und die letzten Siedlungen sich zusammendrängen, springt dieser futuristische Komplex regelrecht ins Auge. Die »Stadt der Tiere« in Falkenberg ist auf einer Fläche von 30 Fußballfeldern für ungefähr 1.200 verstoßene Tiere ein vorüber gehendes Zuhause. Die Architektur richtet sich vollkommen nach ihren Bewohnern – und das macht eine neue und direkte Begegnung zwischen Menschen und Tieren möglich.

Die Kaninchenställe sind auf Augenhöhe. So muss man sich nicht bücken, um das Tier in dem Käfig auf dem Boden zu suchen. Das schafft tatsächlich eine neue Form der Nähe. Denn der Besucher schrumpft sozusagen perspektivisch in die Kaninchenwelt hinein. Oder auch in den Katzenhäusern: Man läuft den Gang entlang und rechts und links sitzen die Katzen in ihren Zimmern auf Sesseln, in Körben oder auch auf einem Puppenbett. Aus einem Kassettenrekorder kommt Gute-Laune-Musik. Die Tiere sind hier nicht bloß untergebracht – sie leben hier gut.

Wie im Zoo weisen im Innenhof Schilder in Pfeilform den Besuchern die Richtung: Vogelhaus, Hunde, exotische Tiere. Ganz so offen, wie die Häuser anfangs geplant waren, ging es dann aber doch nicht. Die Architektur bot den Tieren zu wenig Rückzugsmöglichkeit. Und gerade die verängstigten Tiere, die hierher gebracht werden, brauchen oft erst einmal Pflege und müssen sich ausruhen. Inzwischen gibt es aber für die Neuankömmlinge und die Senioren unter den Tieren abgetrennte, ruhige Bereiche.

Aus dem Hundehaus kommen die »Gassigänger« über den Hof. Die ehrenamtlichen Mitarbeiter haben zum Teil Mühe, die unbändige Freude der Tiere über den Spaziergang in den Griff zu bekommen. Aber sowohl Mensch als auch Tier scheinen das zu genießen.

Adresse Hausvaterweg 39, 13057 Berlin-Hohenschönhausen | ÖPNV Bus 197, Haltestelle Tierheim Berlin | Öffnungszeiten Mi–So 13–16 Uhr | Tipp Die Rieselfelder: Nördlich von Falkenberg am nordöstlichen Stadtrand verrieselte im 19. Jahrhundert in symmetrischen Parzellen das Berliner Abwasser. Heute ist hier ein großflächiges Naturschutzgebiet.

96 Die Stadt der Wissenschaft

Zu Besuch bei den Spitzenreitern

Je länger man zu diesen beiden großen Köpfen hochguckt, die sich nur unmerklich bewegen, aber dabei unaufhörlich um die eigene Achse drehen, wird klar, warum sie hier in Berlin-Adlershof stehen. Die Scheiben, aus denen die Gesichter gemacht sind, verschieben sich, und die glatten und ebenmäßigen Gesichter werden von einem Moment zum nächsten erst unkenntlich, dann verkehrt und am Schluss vollkommen abstrakt – um sich dann irgendwann wieder in die gewohnte Form zu schieben. Die beiden Antlitze halten einen gefangen in ihrer Spannung, in ihrer ständigen Veränderung – und sind nicht umsonst zum Sinnbild für die Stadt der Wissenschaft, Wirtschaft und Medien in Adlershof geworden.

Man spürt den Pioniergeist hier auf dem Platz, als wäre er greifbar. Wer ein wenig herumgeht in der Stadt der Wissenschaft, der erkennt in dem zusammengewachsenen Ensemble von modernen Gebäuden und historischen Anlagen ein symbolträchtiges Bild: Wie in einem großen Labor, in dem ohne Unterlass untersucht, entwickelt, verworfen und wieder angefangen wird, sind die Gebäude umeinander herumgewachsen, stützen sich und lassen sich doch gegenseitig den Freiraum, den sie brauchen.

Der riesenhafte »Große Windkanal« und der aerodynamische »Trudelturm« sind besonders imposant. Auch heute noch. Die beiden historischen Anlagen des Luftfahrtzentrums Johannisthal-Adlershof waren damals in den 1930er Jahren weltweit führend.

In der Stadt der Wissenschaft geht es seit jeher darum, an der Spitze zu bleiben – so auch beim RoboCup. Auf der jährlichen WM der künstlichen Intelligenz geht es um weit mehr als das bloße Zählen von Toren. Hier treffen sich Wissenschaftler aus der ganzen Welt und präsentieren selbstständiges Handeln und Kommunizieren bei ihren Robotern, indem sie beim Fußballspiel gegeneinander antreten. Fußball ist schließlich eine weltweit anerkannte und unangefochtene Art der natürlichen Auslese.

Adresse Rudower Chaussee, Höhe Hausnummer 24, 12489 Berlin-Treptow | ÖPNV S 8, 9, 45, 46, 85, Haltestelle Adlershof; Bus 163, 164, Haltestelle Walther-Nernst-Straße | Tipp Der Gedankengang: Auf dieser Tour über das Gelände – ohne Guide, ohne Öffnungszeiten, ohne Hast – kann jeder selbst die Stadt der Wissenschaften entdecken. Los geht's am S-Bahnhof Adlershof mit der ersten Station.

97_Das Stasimuseum

Der Schreibtisch der Macht

Vier Telefone stehen auf dem Schreibtisch. Sie sind blitzblank, obwohl unendlich viel Unrecht an ihnen haftet. Von diesem Schreibtisch aus befehligte Erich Mielke 28 Jahre lang das Ministerium für Staatssicherheit. Es war der Apparat, der das gesamte Machtgefüge der DDR überhaupt ermöglichte. Die Mittel sind bekannt: Druck, Angst und Erpressung.

Mit einem der beiden schwarzen Telefone auf seinem Schreibtisch konnte Mielke direkt mit dem nahezu abhörsicheren Kommunikationsnetz der Ostblock-Geheimdienste sprechen. Über das dritte Telefon, das weiße Sondertelefon, meldete sich Honecker regelmäßig bei seiner Überwachungszentrale. Diese Machtpräsenz auf oberster politischer Ebene spiegelte sich auch im tagtäglichen Betrieb in der Normannenstraße wider. Die Gedenkstätte zeigt in einem großen Ordner Original-Dokumente aus dem Büro in der Stasizentrale. Darunter unter anderem auch die Frühstücksanweisung, die in der kleinen Küche neben Mielkes Büro hing. Darauf steht nicht nur, was er jeden Morgen bekommen sollte: zwei Eier, Brot, Senf, Salz und ein Glas Milch – sondern eine Skizze zeigt genau an, wie das Frühstück auf dem Tablett angeordnet sein sollte. Und es musste exakt so sein. Erich Mielke war berühmt für seine Tobsuchtsanfälle, die man angeblich auch durch die doppelten Polstertüren hindurch gehört hat.

Auf dem hermetisch abgeriegelten Areal von acht Hektar arbeiteten gegen Ende der DDR 15.000 Mitarbeiter. Die Zahl der sogenannten inoffiziellen Mitarbeiter wird auf 110.000 geschätzt. Am 15. Januar 1990 stürmte die Bevölkerung die Häuser in dem abgeschirmten Innenhof in der Normannenstraße. Das Ziel: Die Vernichtung der Akten sollte gestoppt und die Dokumentenberge sortiert, gesichtet und für die Öffentlichkeit zugänglich gemacht werden. Mit dem Sturm auf das Ministerium für Sicherheit wurde das Ausmaß an Überwachung und Beeinträchtigung des Einzelnen in der DDR deutlich.

Adresse Ruschestraße 103, Haus 1, 10365 Berlin-Lichtenberg | ÖPNV U5, Haltestelle Magdalenenstraße; S-Bahn Ringbahn, Haltestelle Frankfurter Allee (10 Minuten Fußweg); Bus 240, Haltestelle Schottstraße; Bus M13, Haltestelle Rathaus Lichtenberg | Öffnungszeiten Mo–Fr 10–18 Uhr, Sa, So 11–18 Uhr | Tipp Gedenkstätte Hohenschönhausen: In der Untersuchungshaft der Staatssicherheit für politische Gefangene in der Genslerstraße 66 wurden Menschen festgehalten und nicht selten auch gefoltert.

98 Die St.-Michael-Kirche

Eine Kirche macht als Ruine weiter

Rund um den Luisenstädtischen Kanal entwarf der prominenteste Landschaftsarchitekt der Berliner Kaiserzeit, Peter Joseph Lenné, um 1843 eine Siedlung für die rasant wachsende Metropole, die Wohnen und Gewerbe verbinden sollte. Für die Gestaltung des Platzes an der Nordseite der neuen Luisenstadt äußerte König Friedrich Wilhelm IV. einen Wunsch: Es sollte eine Kirche am Wasser stehen, die der Kirche San Salvatore in Venedig glich. Und innerhalb von zehn Jahren wurde die dreischiffige Hallenkirche mit hoher Tambourkuppel am Kanalbecken errichtet.

Wenn man heute am wieder ausgebauten Engelbecken steht, blickt man auf das Eingangsportal der Kirche – und der Venedig-Eindruck scheint bis auf den fehlenden Gondelverkehr ungetrübt. Doch verschiebt sich der Blickwinkel nur um wenige Meter, sieht man, dass das Kirchenschiff völlig zerstört ist. Die große bronzene Kuppel steht ganz für sich.

Nach der Zerstörung im Zweiten Weltkrieg haben sich die Berliner zu helfen gewusst: Sie stellten Bänke in den großzügigen Altarraum, mauerten die offene Seite zu und damit war die Sanierung abgeschlossen. Seitdem werden die Gottesdienste in der Kuppel abgehalten. Auch heute noch.

Als Deutschland dann geteilt wurde, geschah das Gleiche auch mit der Gemeinde der St.-Michael-Kirche: Der Todesstreifen an der Berliner Mauer verlief genau vor dem Kirchplatz. Aber das Gemeindeleben in der Ruine brach nicht ab. In das offene Kirchenschiff ließ die Kirche in den 1980er Jahren ein Pfarrhaus bauen – ein zweistöckiges Haus mit Ziegeldach und Blumenkästen vor den Fenstern, das sich an den Fuß der erhabenen Kuppel schmiegt und von dem von außen nicht mal der Giebel zu sehen ist. An den Mauerresten zu beiden Seiten des Glockenturms rankt der Efeu mit dem Wein, und das ganze Bild macht unmissverständlich klar, dass nichts von Dauer ist. Eine gute Lektion, nicht nur in einer Kirche.

Adresse Michaelkirchplatz, 10179 Berlin-Mitte | ÖPNV U 8, Haltestelle Heinrich-Heine-Straße; Bus 147, Haltestelle Heinrich-Heine-Platz; Bus 265, Haltestelle Michaelkirchstraße | Tipp Das Engelbecken: Die neu angelegte Gartenanlage im ehemaligen Luisenstädtischen Kanal und späteren Grenzstreifen führt im alten Flussbecken durch die Brücken vom Oranienplatz bis zur Spree.

99__Der Südwestkirchhof

Der Promi-Friedhof vor der Stadt

Der kleine hellgraue Grabstein ist fast nicht mehr zu sehen unter den schulterhohen Buchsbäumen, die nach allen Seiten ihre dünnen Arme mit den dunkelgrünen Blättern ausstrecken. Die typischen Friedhofspflanzen, die einmal zu adretten kugelförmigen Bäumchen um das Grab gruppiert wurden, haben in den letzten Jahrzehnten jede Art der Formgebung und Zähmung überwunden.

Weiter drinnen im dichten Unterholz findet man Grabsteine, die halb in den Boden abgesackt sind, daneben solche, die vom Sockel gekippt sind, und vor einem mächtigen Rhododendron steht eine schiefe und bemooste steinerne Bank. Einige Meter weiter entdeckt man ein pompös ausgeschmücktes, klassizistisches Mausoleum. Davor haben Wildschweine in der Erde nach Futter gewühlt. Es sind unzählige Eindrücke dieser Art: Bilder, die ein gemeinsames Schauspiel von Tod und Leben unter einem dichten Blätterdach beschreiben.

Der Südwestkirchhof wurde 1909 als Zentralfriedhof vor den Toren der Stadt angelegt, weil die innerstädtischen Kirchhöfe überfüllt waren. Schnell wurde er zum bedeutendsten Friedhof der Stadt: Die Liste der Toten kann man als ein Who is Who der Berliner Prominenz lesen: die Maler Heinrich Zille und Lovis Corinth, der Architekt Walter Gropius, der Verleger Gustav Langenscheidt und der Industrielle Werner von Siemens. Eine neu gebaute Bahnverbindung ließ den Waldfriedhof mit seinen breiten Sichtachsen, gesäumt von Rhododendren, regelrecht zum Ausflugsziel werden, und ein Lokal vor dem Tor versorgte die Städter am Ort, die hier mit der »Friedhofsbahn« von Wannsee ankamen.

Nach dem Mauerbau lag das Gelände mitten im Grenzgebiet. Ohne Sondergenehmigung durfte niemand mehr auf den Friedhof. Gräber und Gruften verfielen, die Natur hatte freien Lauf. Heute kann man ihn wieder erkunden, zu Fuß oder im Sommer auch mit einem Rad vom friedhofseigenen Fahrradverleih.

Adresse Bahnhofstraße 2, 14532 Stahnsdorf bei Berlin | ÖPNV Bus X1, 601, 602, 623, Haltestelle Bahnhofstraße | Öffnungszeiten April–Sept. 7–20 Uhr, Okt.–März 7–8 Uhr Nov.–Feb. 8–17 Uhr | Tipp Die Friedhofskapelle: Die Kirche von 1911 ist ganz aus Holz. Mit schlichten Malereien und Jugendstilfenstern ist sie einer norwegischen Stabkirche nachgebaut.

100_Die Tadshikische Teestube

Märchenhaftes in Mitte

Der silberne Bauch des großen Samowars vor der Eingangstür glänzt hell und einladend und an eisigen Wintertagen Wärme verheißend über den Innenhof. Hinter der Tür staut es sich meistens erst mal. Denn bevor man auf den Kissen rund um die niedrigen Tische Platz nehmen kann, muss jeder Gast seine Schuhe ausziehen. Wenn man aber das Gerangel der sich Schuhe-Ausziehenden und Schuhe-Suchenden und Schuhe-wieder-Anziehenden hinter sich hat, steht man mit einem Mal inmitten einer Schatzkammer, die sich hier im Hinterhof versteckt, einer Welt wie aus 1001 Nacht: Im gedämpften Licht funkeln die bestickten Kissen auf den bunt gemusterten Teppichen in allen erdenklichen Rot- und Lilatönen, und die geschnitzten Sandelholz-Säulen in der Mitte des Raumes sowie die holzvertäfelte Decke darüber rahmen diese orientalische Behaglichkeit ein. In der Ecke dampft der riesige Samowar.

Die Tadshikische Teestube wurde 1974 auf der Leipziger Messe im Pavillon der zentralasiatischen Republiken Usbekistan, Kasachstan und Tadschikistan ausgestellt. Die Teestube blieb danach als Geschenk und Symbol für die deutsch-sowjetische Freundschaft in Berlin.

Es gibt russischen Rauchtee, Karawanentee oder den russischen Tee »Puschkin«, einen schwarzen Tee, der mit Gewürzen, Konfitüre und einem Vodka gereicht wird. Oder eine Tee-Zeremonie am Samowar. Aber welche Sorte man auch wählt, eine Gemeinsamkeit haben sie alle: Wer Tee bestellt, muss sich die Zeit dafür nehmen. Im Orient treffen sich die Männer in Teestuben, um sich auszutauschen, zu diskutieren, zu verhandeln – oder zu plaudern, so heißt es. Wenn man es sich recht überlegt, sind vergleichbare Orte in unserer Kultur eine Seltenheit geworden. Und jeden Montagabend werden zwischen all den Bildern, Mustern und Farben, die einen sowieso schon mitnehmen auf eine Reise in eine andere Welt, Märchen erzählt.

Adresse Oranienburger Straße 27 (im KunstHof), 10117 Berlin-Mitte | ÖPNV S 1, S 2, S 25, Haltestelle Oranienburger Straße S 3, S 5, S 7, S 75, Haltestelle Hackescher Markt; Tram: M 1, M 6, Haltestelle Monbijouplatz | Öffnungszeiten Mo 16–21 Uhr, Di–Fr 16–22 Uhr, Sa 12–22 Uhr, So 12–21 Uhr | Tipp Outsider Kunst: Die Galerie ART CRU Berlin ist die erste Berliner Galerie, die sich auf Outsider Art, Kunst von Menschen mit Behinderungen, konzentriert. Kunsthof Berlin.

101 Die Tartanbahn

»Can't keep running away«

Die Rushhour setzt pünktlich ein. Ab 18 Uhr füllen sich die sechs Spuren im Friedrich-Ludwig-Jahn-Sportpark. Immer mehr Menschen in modisch-lässiger Sportbekleidung strömen auf das Tor zu, betreten das dunkelrote Oval – und beginnen zu laufen, jeder in seinem Rhythmus, jeder nach seiner Art. Die 400 Meter Bahnlänge werden nicht langweilig, denn es gibt was zu sehen: keuchende Menschen, sportliche Menschen, schöne Menschen, langsame Menschen, ehrgeizige Menschen und Menschen, die lustig anzusehen sind.

Dabei geht es nicht ausschließlich um das sportliche Training. Nicht umsonst rangiert die Tartanbahn auf einem Berliner Internetportal auf dem ersten Platz der Top-Ten-Orte für Singles in Berlin. Das leuchtet ein. Denn man begegnet sich hier nicht nur in jeder Runde und kann sich während des Laufens unaufhörlich im Blick behalten, sondern trifft sich ja auch – wenn man es drauf anlegt – am nächsten Tag zur selben Zeit auf der Laufschleife wieder. Das meint vielleicht auch der Satz, der auf die Wand am Rand der Bahn gesprüht ist: »Can't keep running away!«

Und natürlich präsentiert sich jeder gern in dem, was er am besten beherrscht. So öffnet allabendlich am Stadionrand eine bunte Open-Air-Schau an körperlichen Betätigungsformen: Seilhüpfen, Sprinten, Liegestütze, Kick- und Schattenboxen – und natürlich Stretching in allen Varianten. Denn beim Dehnen kann man ungeniert den Blick über die Laufenden auf der Bahn wandern lassen. Oder, wem das mehr liegt: Auch die Fußballtore im Stadion kann man kostenlos nutzen.

Für alle Nicht-Singles: Besonders schön ist es, morgens im Sommer seine Runden auf der Tartanbahn zu laufen. Dann sind die Bahnen noch leer, und große Rasensprenger drehen sich über dem Fußballrasen in der Mitte. Das sorgt für Abkühlung beim Laufen, während die Morgensonne über die Dächer scheint – und die Stadt rundherum langsam erwacht.

Adresse Cantianstraße 24, 10437 Berlin-Prenzlauer Berg | ÖPNV U 2, Haltestelle Eberswalder Straße; Tram M 1, Haltestelle Milastraße | Öffnungszeiten täglich bei Tageslicht | Tipp Pratergarten: Der älteste Biergarten Berlins liegt unter großen Kastanien in der eben nach diesen benannten Kastanienallee 7–9.

102__Das Tempelhofer Flugfeld

Ein Open-Source-Projekt

Es gibt nichts, woran sich der Blick festhalten könnte – nicht mal das andere Ende vom Flugplatz ist zu sehen. Leer, weit und, wenn man ehrlich ist, ziemlich öde erstreckt sich das große Feld hinter dem massigen Flughafengelände. Nur die beiden breiten Asphaltachsen der ehemaligen Start- und Landebahn durchkreuzen die Wiesen. So ein Freiraum mitten in der Stadt überfordert jeden im ersten Moment.

Aber wer denkt, dass ein großes Feld auf Dauer langweilen könnte und die Gefahr besteht, dass es zu einer Brache verkommt, von denen es ja bereits unzählige in der Stadt gibt – der täuscht sich. Es ist vielmehr seit der Öffnung des ehemaligen Flughafengeländes etwas entstanden, das man am ehesten mit der Open-Source-Idee im Internet vergleichen kann: Alle nutzen den Raum und seine Möglichkeiten, gestalten ihn mit, entwickeln ihn weiter, erkennen ihn als »ihr Eigenes« – und erhalten ihn dadurch.

Man kann die Bestimmung, die sich seitdem für diesen Freiraum mitten in der Stadt ergeben hat, nicht mit einem Wort wiedergeben. Oder vielleicht doch: ein Kitesurfer-Spaziergänger-Radfahrer-Langläufer-Drachensteiger-Griller-Fläzer-Wolkengucker-Skater-Modellfluglenker-Paradies.

Und das soll so bleiben. Auch in Zukunft sollen die Besucher die Neugestaltung des Flugfeldes mit entwickeln. Und diesen geht es anscheinend nicht so sehr darum, wie ihr neuer Park aussieht, sondern vor allem darum, wie sie ihn gut nutzen können. In ihrer Stadt wollen sie vor allem eins: freie Flächen ohne angelegte Beete, architektonische Eingrenzungen oder zusätzliche Event-Angebote.

Der Name des neuen Parks ist deshalb auch ein gelungener: Tempelhofer Freiheit. Und nicht nur, weil auf der endlosen Betonpiste der Startbahn immer noch etwas Fernweh aufkommt – und der Wunsch, einfach loszufliegen.

Adresse Tempelhofer Damm (gegenüber Hausnummer 104), 12099 Berlin-Tempelhof (weitere Eingänge: Columbiadamm, Oderstraße) | ÖPNV S 41, S 42, S 46, S 47, Haltestelle Tempelhof; U 6, Haltestelle Tempelhof oder Paradestraße; Bus 140, 184, Haltestelle S+U-Bahn Tempelhofer Damm | Tipp Luftschloss: Im Sommer bespielt das Atze Musiktheater unter freiem Himmel seine Sommerbühne – mit Programm für Kleine, Kleine und Große und Abendprogramm für ganz Große, Luftschloss Tempelhofer Feld, Eingang Südwest.

103__Die Terrasse am Weißen See

Wochenend und Sonnenschein…

Buchstaben können aggressiv und aufdringlich sein, wenn sie Produkte verkaufen sollen. Buchstaben können einen aber auch ganz im Gegenteil dezent und aufmunternd zu etwas verleiten. So wie die geschwungene Schreibschrift auf dem Flachdach über der Terrasse am Weißen See. Der Schriftzug ist ebenso schlicht und apart wie der 1960er-Jahre-Bau, auf dem er angebracht ist. Zwischen den Bäumen am Ufer leuchten die weißen Buchstaben einladend auf den See hinaus: Milchhäuschen.

Diesen Namen hat sich niemand ausgedacht, es gibt eine Geschichte dazu: Als hier am Ufer noch das imposante Schloss Weißensee stand, ein altes Rittergut, das Ende des 19. Jahrhunderts in einen Vergnügungspark umgebaut wurde – mit Rutschbahn, Karussells, Tanzsälen, Bierlokalen und natürlich der berühmten Seeterrasse –, stand auf der gegenüberliegenden Seite des Sees das Gartenhaus im Park. Im Ersten Weltkrieg brannte das Schloss fast vollständig ab, aber das Gartenhaus blieb erhalten. Die Stadt richtete in den Räumen eine Milchsammelstelle für bedürftige Kinder ein. Diese Milchhäuser, in denen Kuhmilch aus der Umgebung gesammelt und gekühlt wurde, waren damals nicht ungewöhnlich. Aber man findet auch Texte, aus denen hervorgeht, dass in dieser Weißenseer Milchsammelstelle Muttermilch von Ammen für die Säuglinge im nahe gelegenen Krankenhaus aufbewahrt wurde.

So kam das Gartenhaus zu seinem Namen. Das Milchhäuschen mit der Terrasse gehört inzwischen an den Weißen See wie das Wasser in die Fontäne in seiner Mitte. In den 1960er Jahren musste das alte Gartenhaus abgerissen werden – und das Milchhäuschen wurde neu gebaut. Die Terrasse blieb an Ort und Stelle. Heute ist für Programm rund um den See gesorgt: Neben dem Strandbad Weißensee gibt es einen Ruderbootverleih und einen Streichelzoo.

Adresse Milchhäuschen, Parkstraße 33A, 13086 Berlin-Weißensee | **ÖPNV** Tram M 4, M 13, 12, Haltestelle Albertinenstraße; Bus 156, Haltestelle Rennbahnstraße / Parkstraße; Bus 158, Haltestelle Parkstraße / Amalienstraße; Bus 255, Haltestelle Albertinenstraße | **Öffnungszeiten** Feb.–Dez. täglich 12–20 Uhr | **Tipp** Die Sonnenuhr: Wenn man den Weißen See umrundet, kommt man zu einer prächtigen Uhr mit zehn Metern Durchmesser inmitten einer sommerlichen Blütenpracht!

104 Der Teufelsberg

Winterspaß auf Trümmern

Im Frühling zieht es die Berliner ins Umland, und auch im Sommer verteilen sich die Städter gleichmäßig an den vielen Brandenburgischen Seen, aber im Winter ist es vor allem dieser eine Ort, der die Naherholer wie ein Magnet anzieht: der Teufelsberg. Nach dem Krieg entstand diese höchste Erhebung im märkischen Sandboden mit ihren stolzen 114,7 Metern über dem Meeresspiegel aus insgesamt 25 Millionen Kubikmetern Trümmerschutt.

Hier sollte ein Wintersportareal für die Westberliner entstehen: Eine Skisprungschanze wurde gebaut, eine Rodelbahn eingeweiht, und neben einer Gipfelstation war sogar ein Schlepplift am sogenannten Skihang geplant. Aus dem mondänen Wintersportzentrum wurde dann schließlich doch nichts, weil die Alliierten auf dem höchsten Gipfel des Schuttberges eine Abhöranlage errichteten. Aber die Berliner kommen weiter zum Rodeln her, mit und ohne Schlitten. Auf der Piste finden sich alle möglichen rutschbeschleunigenden Unterlagen. Bretter mit Gummireifen, Skateboards ohne Räder oder einfach und altbewährt: die Plastiktüte. Es ist voll. »Bahn frei!«, tönt es von allen Seiten über den Berg.

Und dort, wo die Wintersonne am Nachmittag untergeht, thronen wie riesengroße Golfbälle die Kuppeln der Radaranlage über dem Berliner Grunewald. Die weiße Verkleidung der Kugeln hängt an vielen Stellen in Fetzen herunter.

Nachdem die Alliierten abgezogen waren, sollten zuerst Luxus-Lofts in die Kugeln gebaut werden, dann wollte der Regisseur David Lynch gemeinsam mit einem indischen Guru eine Friedensuniversität mit Meditationskursen auf dem Berliner Gipfel eröffnen.

Doch die Anlage steht nach wie vor leer. Auf einem schiefen Bauschild für die Luxus-Lofts steht: Fertigstellung 2002. Die Anlage ist umzäunt. Trotzdem scheint es nicht schwer zu sein, sich Zutritt zu verschaffen. Davon zeugen die vielen Trampelpfade durch den Schnee.

Adresse Teufelsseechaussee, am Parkplatz rechts, 14055 Berlin-Charlottenburg | ÖPNV S 5, Haltestelle Heerstraße; Bus M 49, X 34, X 49, 218, Haltestelle S-Bahn Heerstraße (15 Minuten Fußweg) | Tipp Führungen durch die verlassene Abhörstation der West-Alliierten gibt es jeden Sonntag. Im Sommer finden Konzerte unter der Kuppel des großen Radarturms statt. Informationen unter www.berlinsightout.de.

105 Die Tuschkastensiedlung

Die heile Welt am Falkenberg

Das Idyll am Hang ist überschaubar. Im Grunde ist die »Gartenstadt Falkenberg« nur ein einziger Straßenabschnitt. Umso mehr genießt man jeden einzelnen Schritt über das buckelige Kopfsteinpflaster. Und wahrscheinlich gibt es niemanden, der diese Strecke nur einmal läuft – denn hier gleicht kein Haus dem anderen, und man kann unmöglich schon beim ersten Mal all die unzähligen kleinen Finessen an den Fassaden sehen und erfassen.

Die Häuser, die Bruno Taut und Heinrich von Tessenow für die »Gartenstadt Falkenberg« entworfen haben, sehen so aus, wie Kinder Häuser malen. Sie spiegeln eine heile Welt. Eine Tür, Fenster mit Fensterläden, ein Garten davor – und dies vor allem: bunt! Die Häuser sind rot-schwarz, knallblau, zartgrün, rot-gelb kariert. Die verspielte und unproportionierte Anordnung der Simse, Veranden, die Ausrichtung der Häuser, die Mini-Gucklöcher-Fenster mit Fensterläden davor – das alles entwarfen die Architekten zwischen 1913 und 1916 mit dem Ziel, den sozial schwachen Menschen in der Stadt ein schönes und modernes Leben zu ermöglichen.

Das war ein sensationell neuer Gedanke, die Arbeiter aus den Mietskasernen zu holen und sie am grünen Stadtrand in kleinen Reihenhäusern mit Gärten einzuquartieren, die noch dazu bunt angemalt waren! Die Tuschkastensiedlung, wie das Ensemble schon bald genannt wurde, sorgte für ein heute nicht mehr vorstellbares öffentliches Aufsehen – und stieß auf einigen Widerstand. »Verunzierung der Landschaft« und »Verbrecher an der Seele des Volkes« lauteten die Anschuldigungen, die fast das Bauvorhaben stoppten. Doch der damalige Berliner Bürgermeister Dr. Gustav Böß erließ eine Verfügung, die den Architekten freie Hand gewährte. Ihm ist es zu verdanken, dass sich die Berliner an den neuen Baustil gewöhnen mussten. Fünf weitere Siedlungen folgten in den 1920er Jahren – und alle wurden 2008 in die Liste des UNESCO-Weltkulturerbes aufgenommen.

Adresse Gartenstadtweg, 12524 Berlin-Treptow | ÖPNV S 8, S 85, Haltestelle Grünau; S 9, S 45, Haltestelle Altglienicke; Bus 163, Haltestelle Gartenstadtweg | Tipp Das Bauhaus-Archiv: In dem Museum in der Klingelhöferstraße 14 wird das Bauhaus als eine der bedeutendsten Schulen für Architektur, Design und Kunst im 20. Jahrhundert vorgestellt.

106 Die verlassene irakische Botschaft

Ein nicht abgeschlossenes Stück Vergangenheit

Auf dem Briefkasten mit der 51 quillt tiefbrauner Rost unter der weißen Farbe durch. Darunter hat sich eine Birke durch die Zaunstäbe gequetscht und wächst jetzt auf der anderen Seite triumphierend in die Höhe. Das alles zeigt, dass viel Zeit vergangen ist: Seit 1991 steht die ehemalige irakische Botschaft im damaligen Ostberliner Diplomatenviertel Pankow schon leer.

Die Türen des Schuhkarton-Hauses mit den breiten Terrassen davor stehen sperrangelweit offen. Dahinter ist Saddam Husseins Zeit als irakischer Präsident noch präsent und auf allen Etagen über die Böden verstreut: gefüllte Aktenordner, Bücher und Dokumente, Kaffeefilter und Briefpapier. Auf einem verkohlten Tisch steht eine Schreibmaschine mit arabischen Buchstaben-Tasten, in einem Zimmer mit Blick auf den überwucherten Garten sind um einen Couchtisch zwei modrige Sessel gruppiert. Dass die DDR zum Irak eine sehr innige Beziehung pflegte, ist bekannt – vor allem wirtschaftlich schien diese Verbindung für beide Seiten von Vorteil. Der Irak verfügte über Öl, die DDR über Waffen.

Zur Zeit des Golfkrieges 1991 wurden in Deutschland alle Diplomaten aus dem Irak zur Ausreise aufgefordert – und seitdem steht das Gebäude leer. Die Eigentumsverhältnisse sind wohl nach wie vor ungeklärt. Das Grundstück gehört der Bundesrepublik Deutschland, der Irak soll allerdings ein Nutzungsrecht haben. Aber ein wirkliches Interesse dafür scheint es augenscheinlich nicht zu geben. Die neue irakische Botschaft liegt schließlich in Zehlendorf – am anderen Ende der Stadt. Und so sind die drei Geschosse in dem 1970er-Jahre-Plattenbau in Pankow zu einem Kultort für Fotografen, Filmemacher und Neugierige geworden. Die Zeit ist stehen geblieben – und seitdem wachsen Gras und Moos über Sessel, Treppen und Aktenhaufen. Das ist ja auch eine Art von Vergangenheitsbewältigung.

Adresse Tschaikowskistraße 51, 13156 Berlin-Pankow | ÖPNV Tram M 1, Bus 107, 250, jeweils Haltestelle Tschaikowskistraße; Bus 150, 155, Haltestelle Homayerstraße | Tipp Das Schloss Schönhausen: Weiter die Tschaikowskistraße entlang erreicht man das VIP-Gästehaus der DDR. Hier wohnten unter anderem Fidel Castro, Indira Gandhi und Michail Gorbatschow.

107_Das Wandbild

Anti-Atom mit Klofenster

Folgt man dem kleinen verwunschenen Weg neben den S-Bahn-Gleisen zwischen den Schrebergärten, dann ist es nicht mehr weit. Die Gärten sind ein eigener kleiner Kosmos, es gibt sie schon lange. Es gab sie auch schon in den 1980er Jahren, als das Haus Bülowstraße 52 noch ein besetztes Haus war, die B 52. Und dann, nach einer letzten Biegung, steht man plötzlich direkt davor: Es ist die Rückseite eines Hinterhauses, keine Brandwand wie so oft in Berlin, sondern mit Fenstern zum Park. Und das ist hier auch das Besondere, der Hingucker sozusagen, der Witz. Das große Bild an der Wand zeigt einen Mann oder eine Frau von hinten mit einem Baby in einem Tragetuch. Der Arm ist weit ausgestreckt bis fast unter das Dach, und über der emporgereckten Faust streckt sich ein längliches Klofenster nach oben, genau dort, wo der Mittelfinger stehen müsste. Die Geste richtet sich gegen ein Aufgebot von behelmten hellgrauen Polizisten, die ein Atomkraftwerk vor den Demonstranten schützen.

Harald Juch, Comiczeichner und Karikaturist bei der taz, lebte in der Bülowstraße 52. Eigentlich hatte er auf die Rückwand ein Bild gegen das Wettrüsten malen wollen, aber als dann Ende April 1986 die Nachricht von dem Reaktorunglück in Tschernobyl kam, änderte er den Plan und malte den einsamen Protestler vor der Polizeikette. Er warf das Bild nachts mit einem Diaprojektor an die Hauswand, ausgemalt wurde dann tagsüber mit Pinsel und Farbrolle. Das Haus war gerade erst saniert worden, der frische weiße Putz bot die Grundierung, und das Gerüst stand sogar noch. Bessere Voraussetzungen hätte es kaum geben können für dieses Protest-Bild, das aus diesem Grund noch immer gut erhalten ist und ein Stück Stadtgeschichte erzählt. Dass die Faust direkt unter dem Klofenster sitzt, sei allerdings ein Zufall gewesen, hatte der Künstler beteuert.

Manchmal sind eben die Zufälle das Beste. Man muss sie nur zulassen.

Adresse Rückseite Bülowstraße 52, zu sehen: die Gärten vom »Potsdamer Güterbahnhof«, Gleisdreieck, Parkeingang Bülowstraße, 10783 Berlin-Schöneberg | ÖPNV U 2, U 3, Haltestelle Bülowstraße; U 1, U 2, U 3, Haltestelle Gleisdreieck | Tipp Café Eule: Zwischen den Schrebergärten und einem Birkenwäldchen liegt eine Oase. In dem umgebauten Container gibt es selbstgemachte Kleinigkeiten wie Quiches, Kuchen und Limonade.

108__Die Weide zwischen den Platten

eDie Marzahner Win-win-Strategi

Die sechs schwarzen Dexter-Rinder, die hier zwischen Hochstauden und Gebüsch weiden, sind nur der Anfang. Denn in Marzahn gibt es 1.067 Hektar Grünfläche – und zu wenig Geld, um die städtischen Anlagen zu pflegen. Deshalb wurde aus der Not eine Idee geboren – und auf der Brachfläche vor der Plattenbausiedlung, die eigentlich einmal im Jahr gemäht werden müsste, grasen jetzt die robusten Kühe mit den langen geschwungenen Hörnern.

Das ist nicht nur für die Rinder, die Bezirkskasse und die Anwohner von Vorteil. Auch im ganz Kleinen wirkt sich das aus. Die Naturschutzstation Malchow hat entdeckt, dass eine Rinderhaltung auch eine größere Artenvielfalt mit sich bringt. Denn als die Maschinen hier noch regelmäßig Kahlschlag betrieben, konnten nur zwei bis drei Pflanzenarten überleben – die Kühe lassen mehr stehen, und das lockt wiederum die Insekten und Vögel an.

Die Rinder sind pflegeleicht: Sie bleiben das ganze Jahr über im Freien, haben keinen Stall und müssen nicht gefüttert werden. Marzahn hat bereits 60 weitere Wiesen und Brachflächen vorgestellt, die so genutzt werden könnten. Dieses Konzept ist nicht neu, und es hat auch einen Namen: urbane Landwirtschaft. Damit sollen Brachflächen im städtischen Raum wieder nutzbar gemacht werden. Vorbilder sind hierbei die Städte in den Entwicklungs- und Schwellenländern, in denen der Anbau von eigenem Gemüse und Obst sowie eine eigene Tierhaltung ganz existenzielle Gründe haben.

Noch sind Kühe in Marzahn selten. Aber die erste kleine Herde an der Wuhle macht ihre Sache gut. Auch in anderen Bezirken in Berlin werden Tiere für die Grünpflege eingesetzt: In Lichtenberg sind es die Pommerschen Landschafe, die kostengünstig und umweltfreundlich die Brache pflegen, und auch in Adlershof sind Schafe für die Rasenpflege zuständig.

Adresse Hohenschönhauser Straße / Hellersdorfer Weg, 13057 Berlin-Marzahn | ÖPNV Bus 197, Haltestelle Tierheim Berlin | Tipp Der Wuhletal-Wanderweg: Hier an der Neuen Wuhle beginnt der Wander- und Radweg entlang des kleinen Flusses, der bis zu dessen Mündung in die Spree in Berlin-Köpenick führt.

109 Der Weltacker

Die Welt verstehen

Es ist eine einfach Rechnung: Man teilt die gesamte Ackerfläche auf der Erde durch die Anzahl der Menschen und erhält: 2.000 Quadratmeter. So viel Ackerfläche steht jedem einzelnen zu. Das muss reichen. Und wie das geht, das zeigt der Weltacker in Pankow. Der Weizen steht schon hoch, und die vollen Ähren wiegen sich im Wind. Am Rand blühen die Kornblumen. Der Acker spiegelt den gesamten Ackerbau der Erde: Es wurden alle Ackerkulturen der Welt angebaut, und zwar in dem Größenverhältnis, in dem sie auf den 1,4 Milliarden Hektar Flächen dieser Welt wachsen. Getreide und Reis nehmen beinahe die Hälfte der Fläche ein. Dann folgen kleinere Abschnitte mit Ölpflanzen, Gemüse, Soja und andere Futterpflanzen für die Tierhaltung, Zucker, Tabak. Man läuft Abschnitt für Abschnitt die ganze Fläche ab und auf der anderen Seite wieder zurück und ist überwältigt: Es ist gar nicht so weit! Und dann erfährt man so nebenbei: Diese Fläche, die also einem Menschen genügt, um sich ein Jahr lang gesund und gut zu ernähren, ist dieselbe Fläche, die es braucht, um das Futter für zwei Schweine anzubauen.

Das, was sich erst nach so einer gerechten und sinnvollen Rechnung anhört, kippt ganz plötzlich in eine unüberbrückbare Ungerechtigkeit. Je mehr Menschen Fleisch essen und je mehr Energie benötigt wird, umso weniger Fläche bleibt für die Grundernährung der Menschen übrig.

Die ganze Problematik der Welternährung wird hier im botanischen Volkspark an der Berliner Stadtgrenze runtergebrochen und veranschaulicht. Und das Verstehen ist nur der erste Schritt. Dann geht es noch zur Sache: Man kann am sogenannten Flächenbüfett sehen, wie viel Ackerfläche zum Beispiel eine Pizza Margherita benötigt und wie viel mehr ein Pizza Salami.

Und der nächste Schritt? Der ist dann vielleicht schon ganz bald ein etwas anderer Blick auf den eigenen Konsum.

Adresse Botanischer Volkspark Blankenfelde-Pankow / Blankenfelder Chaussee 5, 13159 Berlin-Pankow | ÖPNV Bus 107, Haltestelle Botanische Anlage | Öffnungszeiten täglich von Sonnenaufgang bis Sonnenuntergang | Tipp Bauerngarten: Selbst säen und Bio-Gemüse ernten unter Anleitung von Profis. Jeder kann hier eine kleine Parzelle mieten und bekommt dann ein Stück vorbereitetes Ackerland in einem großen, kreisförmigen gemeinschaftlichen Gemüsefeld.

110_Das Wikingerufer

Urlaubsgrüße von zu Hause

Seit ein paar Jahren bekommt das Ufer entlang der Spree im Sommer ein ganz eigenartiges Urlaubsflair aufgedrückt: Sand wird aufgeschüttet, Liegestühle werden aneinandergereiht, gesponserte Sonnenschirme und Palmen in Kübeln drum herum gruppiert. Bis auf wenige Ausnahmen hat sich die Originalität der Berliner Strandbars ziemlich schnell erschöpft. Es stellt sich vielmehr die Frage, ob man diese Club- und Inselstimmung wirklich braucht, um den Sommerabend am Wasser genießen zu können.

Dieser Ort ist ein Appell, das Schöne vor der Haustür nicht aus dem Blick zu verlieren. Das Wikingerufer liegt in einer Kurve. Hier schlängelt sich die Spree vom Zentrum stadtauswärts. Die backsteinernen Gebauer-Höfe auf der anderen Uferseite, eingetunkt in das abendliche Farbenspiel des Himmels, versprühen eine gleißende Industrieromantik – und aus der Rösterei in dem alten Ziegelgemäuer duftet es nach frischem Kaffee.

Die drei Bänke am Ufer stehen weit genug voneinander entfernt, sodass man sich in dieser Spreekurve ganz allein wähnt. Die Anwohner bringen Wein, Gläser und Decken mit und setzen sich vor ihre Haustüren. Aber das Wikingerufer hat auch noch einige versteckte, exklusive Logen zu bieten. Hinter den Pforten im Geländer führen Treppenstufen bis zum Wasser hinunter. Der Absatz auf der Treppenmitte ist ein hervorragender Picknickplatz. Die Ausflugsdampfer umkurven die alte Industrieanlage, und in Bruchstücken klingt herüber, was der Wind von den Lautsprechern über die Geschichte der ehemaligen Textil- und Maschinenfabrik zu tragen vermag.

Und dann wird es ruhiger, die Schwalben fliegen nicht mehr ihre tiefen Kreise über dem Wasser – und die Konturen der Schornsteine verschwimmen. Der Vollmond geht über den Dächern auf. Das tut er hier jeden Abend. Die beleuchtete Kuppel auf dem Dach der Technischen Universität lässt sich im Dunklen vom echten Mond kaum unterscheiden

Adresse Wikingerufer, 10555 Berlin-Tiergarten | **ÖPNV** U 9, Haltestelle Hansaplatz (10 Minuten Fußweg); Bus 106, Haltestelle Zinsendorfstraße; Bus 101, 245, Haltestelle Franklinstraße | **Tipp** Flusslauf: Man kann vom Wikingerufer bis zum Regierungsviertel am Ufer der Spree entlangspazieren – und noch weiter.

111 Die Wohnung der Kommune 1

Wo die Revolution vorgelebt wurde

Irgendwann war die Luft raus. Dem Gegenversuch zur bürgerlichen Kleinfamilie fehlte die Energie. Zwischen 1967 und 1969 war die Kommune 1 innerhalb von Berlin viermal umgezogen – bis sie dann für das letzte Jahr in der Backstein-Remise in dem Moabiter Hinterhof Quartier bezog. Doch das Experiment von einer neuen gleichberechtigten Lebensgemeinschaft, das die Gesellschaft so grundlegend verändert hat, lief hier in der Stephanstraße nach einem guten Jahr einfach aus.

Die Etage in der alten Filzfabrik schien der richtige Ort für das Vorhaben, das Politische im Privaten zu revolutionieren. In dem großen Raum mit den hohen Fenstern gab es keine spießbürgerliche Einteilung des gemeinschaftlichen Lebens. Die Gruppe war der Mittelpunkt, die Freiheit die Doktrin. Es kam viel Besuch, viel Presse – und auch Jimi Hendrix schaute vorbei.

Doch bald drehte sich alles nur noch um Uschi Obermaier und Rainer Langhans. Die Zeitungen kamen und machten Bilder in der Wohnung. Und die beiden Star-Kommunarden sprachen über ihre Liebesbeziehung und ihre Sexualität. Der große Traum von einer neuen Gesellschaftsform bekam tiefe Risse: Drogenabhängigkeit und Zerwürfnisse ließen die Gruppe schrumpfen – bis 1969 die Wohnung von einer Rockerbande überfallen und verwüstet wurde.

Die großen Fenster der Kommune 1 mit den vielen kleinen Quadraten stehen heute als Raumteiler in der Dachwohnung in der Remise. Diese Wohnung und die erste Etage des Backsteinhauses kann man als Apartments mieten. Viele Touristen wohnen gern hier – und kommen wieder, nicht nur, weil es schön ruhig ist in dem grünen Hinterhof im Zentrum der Stadt, sondern auch gerade wegen der besonderen Geschichte des Ortes, die in vielen Fällen auch das eigene Leben der Besucher in den 1960er Jahren berührt.

Adresse Stephanstraße 60, 10559 Berlin-Tiergarten | ÖPNV Bus M 27, 123, Haltestelle Stendaler Straße | Öffnungszeiten Privatgelände, daher bitte anmelden unter www.berlinlofts.com | Tipp Ein bisschen Kommunenfeeling kommt im Zaffke auf –, die Bar ist bekannt für ihre entspannte Atmosphäre und für ihren Moscow Mule, Rathenower Straße 44, Di–Sa 20–3 Uhr.

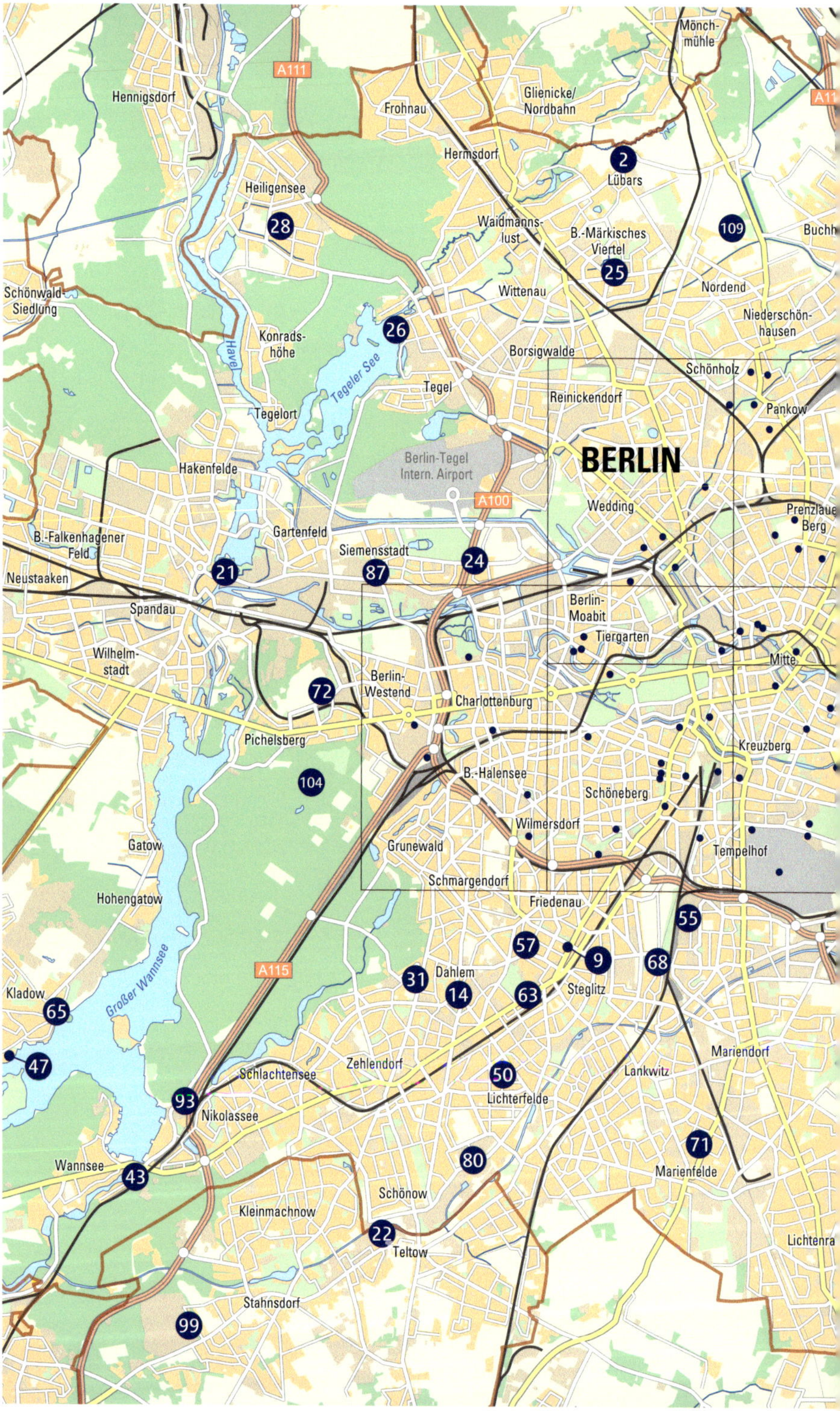

Mönch-
mühle
A111
Hennigsdorf
Frohnau
Glienicke/
Nordbahn
Hermsdorf
2
Lübars
Heiligensee
28
Waidmanns-
lust
B.-Märkisches
Viertel
25
109
Buchh
Schönwald-
Siedlung
Wittenau
Nordend
Niederschön-
hausen
26
Konrads-
höhe
Havel
Tegeler See
Borsigwalde
Schönholz
Tegel
Reinickendorf
Pankow
Tegelort
Berlin-Tegel
Intern. Airport
BERLIN
Hakenfelde
A100
Wedding
Prenzlaue
Berg
B.-Falkenhagener
Feld
Gartenfeld
Siemensstadt
24
21
87
Neustaaken
Spandau
Berlin-
Moabit
Tiergarten
Wilhelm-
stadt
Mitte
Berlin-
Westend
72
Charlottenburg
Pichelsberg
Kreuzberg
B.-Halensee
104
Schöneberg
Wilmersdorf
Gatow
Grunewald
Tempelhof
Schmargendorf
Hohengatow
Friedenau
55
57
9
68
A115
Großer Wannsee
31
Dahlem
14
63
Steglitz
Kladow
65
47
Mariendorf
Zehlendorf
50
Lankwitz
Schlachtensee
Lichterfelde
93
Nikolassee
71
80
Marienfelde
Wannsee
43
Schönow
Kleinmachnow
22
Teltow
Lichtenra
Stahnsdorf
99

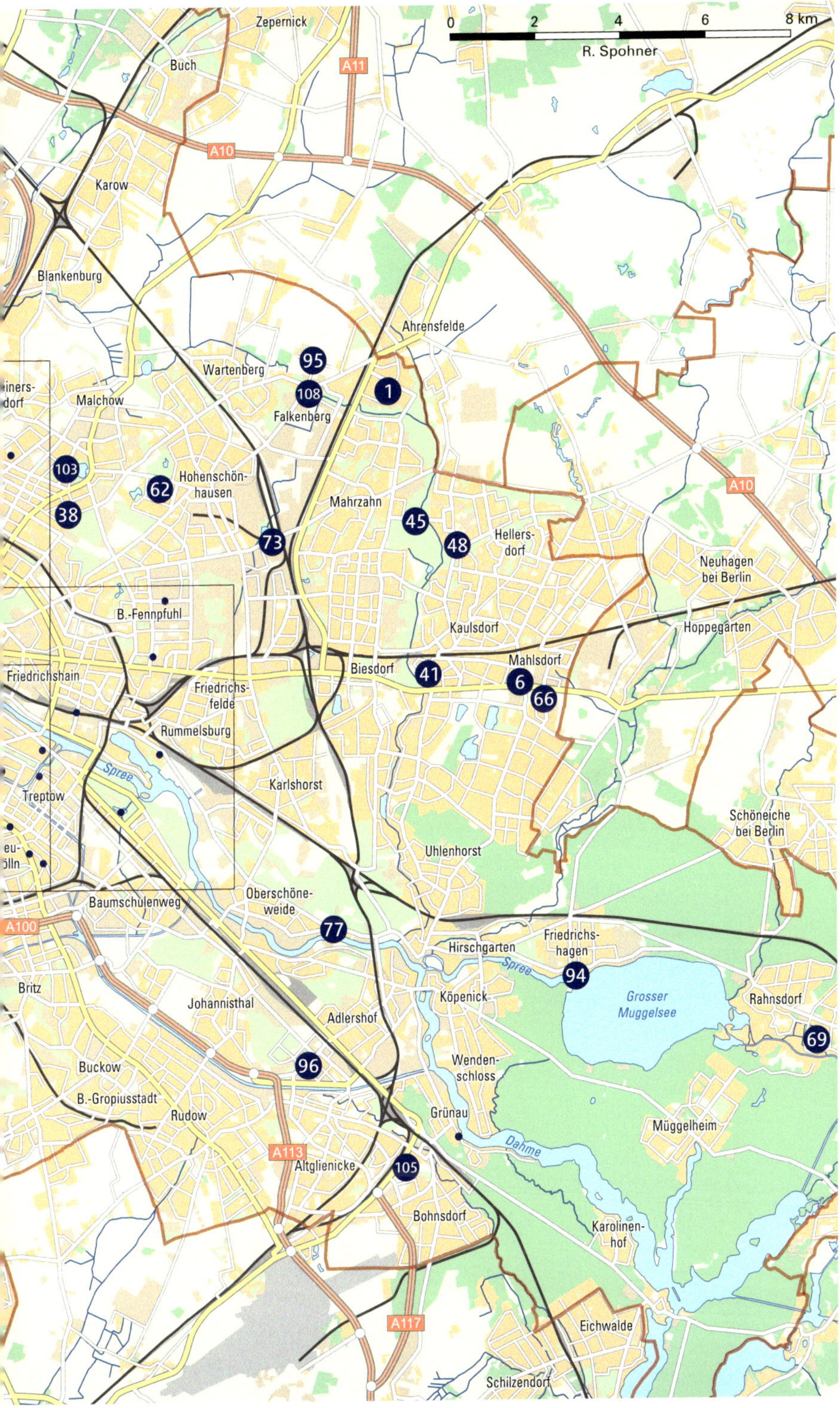

Zepernick
0
2
4
6
8 km
R. Spohner
A11
Buch
A10
Karow
Blankenburg
Ahrensfelde
95
Wartenberg
1
108
Falkenberg
Malchow
103
62
Hohenschön-
hausen
38
Mahrzahn
45
48
Hellers-
dorf
73
Neuhagen
bei Berlin
A10
B.-Fennpfuhl
Kaulsdorf
Hoppegarten
Mahlsdorf
Biesdorf
41
6
66
Friedrichshain
Friedrichs-
felde
Rummelsburg
Spree
Karlshorst
Treptow
Schöneiche
bei Berlin
Uhlenhorst
Baumschulenweg
Oberschöne-
weide
A100
77
Friedrichs-
hagen
Hirschgarten
Spree
94
Britz
Köpenick
Grosser
Muggelsee
Rahnsdorf
Johannisthal
Adlershof
69
Buckow
96
Wenden-
schloss
B.-Gropiusstadt
Rudow
Grünau
Müggelheim
Dahme
A113
Altglienicke
105
Bohnsdorf
Karolinen-
hof
A117
Eichwalde
Schilzendorf

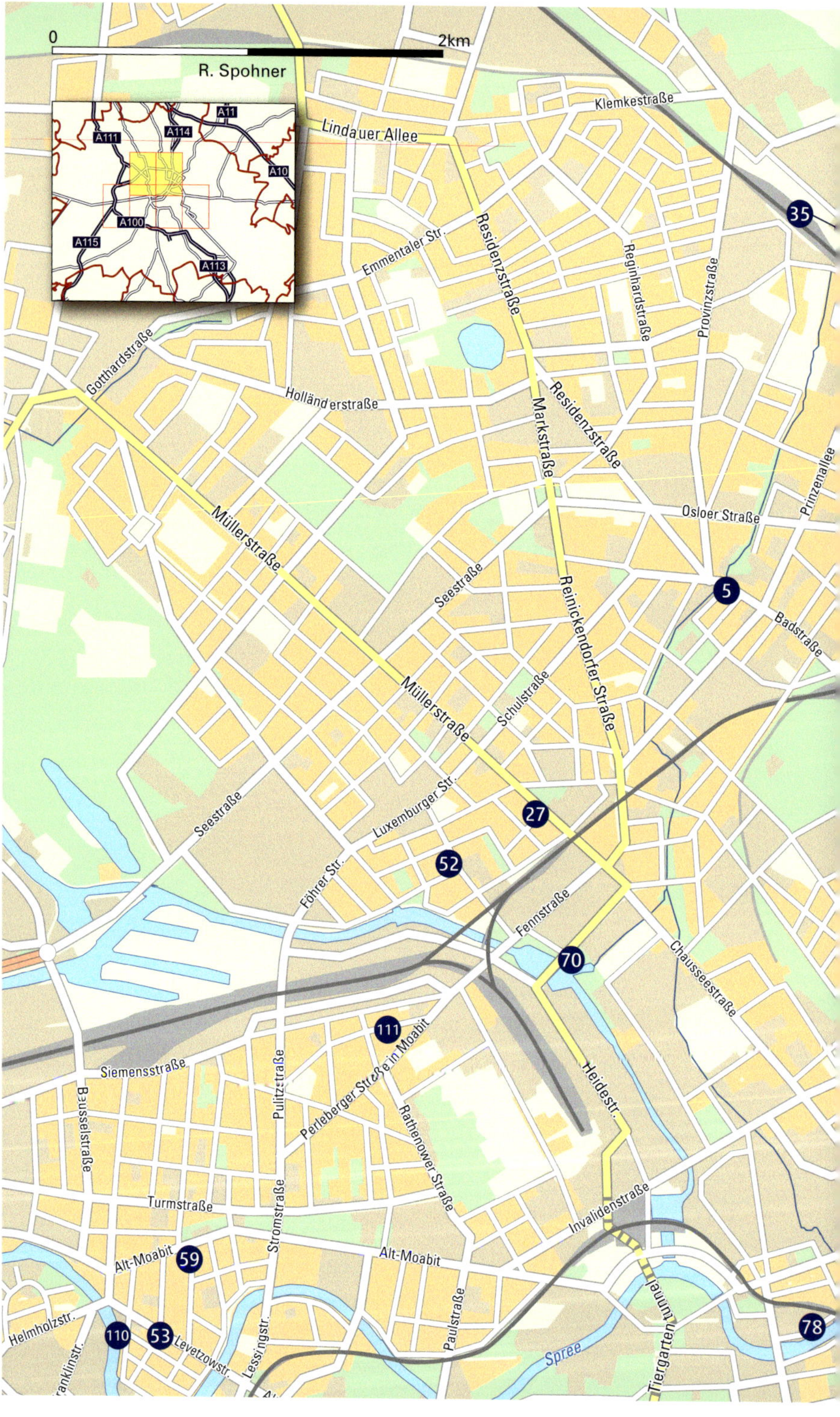

0
2km
R. Spohner
A11
A111
A114
A10
A100
A115
A113
Lindauer Allee
Klemkestraße
Residenzstraße
Emmentaler Str.
Reginhardstraße
Provinzstraße
Gotthardstraße
Holländerstraße
Markstraße
Residenzstraße
Prinzenallee
Osloer Straße
Müllerstraße
Seestraße
Reinickendorfer Straße
Badstraße
Müllerstraße
Schulstraße
Luxemburger Str.
Seestraße
Föhrer Str.
Fennstraße
Chausseestraße
Siemensstraße
Perleberger Straße in Moabit
Pulitzstraße
Heidestr.
Rathenower Straße
Turmstraße
Stromstraße
Invalidenstraße
Alt-Moabit
Alt-Moabit
Helmholtzstr.
Levetzowstr.
Lessingstr.
Paulstraße
Spree
Tiergartentunnel
35
5
27
52
70
111
59
110
53
78

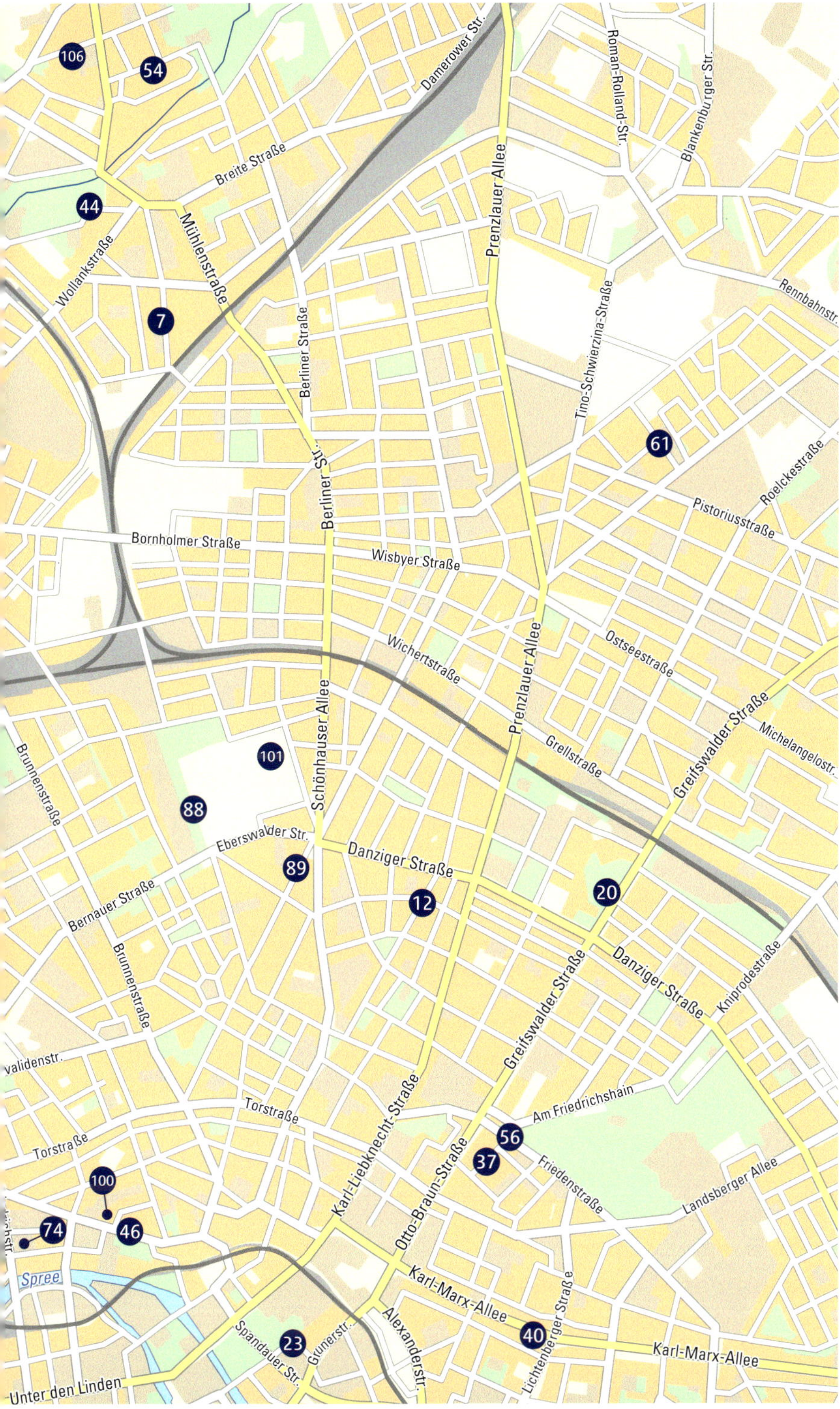

106
54
Damerower Str.
Roman-Rolland-Str.
Blankenburger Str.
Breite Straße
44
Mühlenstraße
Wollankstraße
Prenzlauer Allee
Rennbahnstr.
7
Tino-Schwierzina-Straße
Berliner Straße
61
Roelckestraße
Berliner Str.
Pistoriusstraße
Bornholmer Straße
Wisbyer Straße
Wichertstraße
Ostseestraße
Prenzlauer Allee
Greifswalder Straße
Michelangelostr.
Grellstraße
Brunnenstraße
101
Schönhauser Allee
88
Eberswalder Str.
Danziger Straße
89
20
12
Bernauer Straße
Brunnenstraße
Danziger Straße
Kniprodestraße
Greifswalder Straße
validenstr.
Karl-Liebknecht-Straße
Am Friedrichshain
Torstraße
Torstraße
56
37
Friedenstraße
Otto-Braun-Straße
100
Landsberger Allee
74
46
Spree
Karl-Marx-Allee
Alexanderstr.
Lichtenberger Straße
40
Karl-Marx-Allee
Spandauer Str.
23
Grunerstr.
Unter den Linden

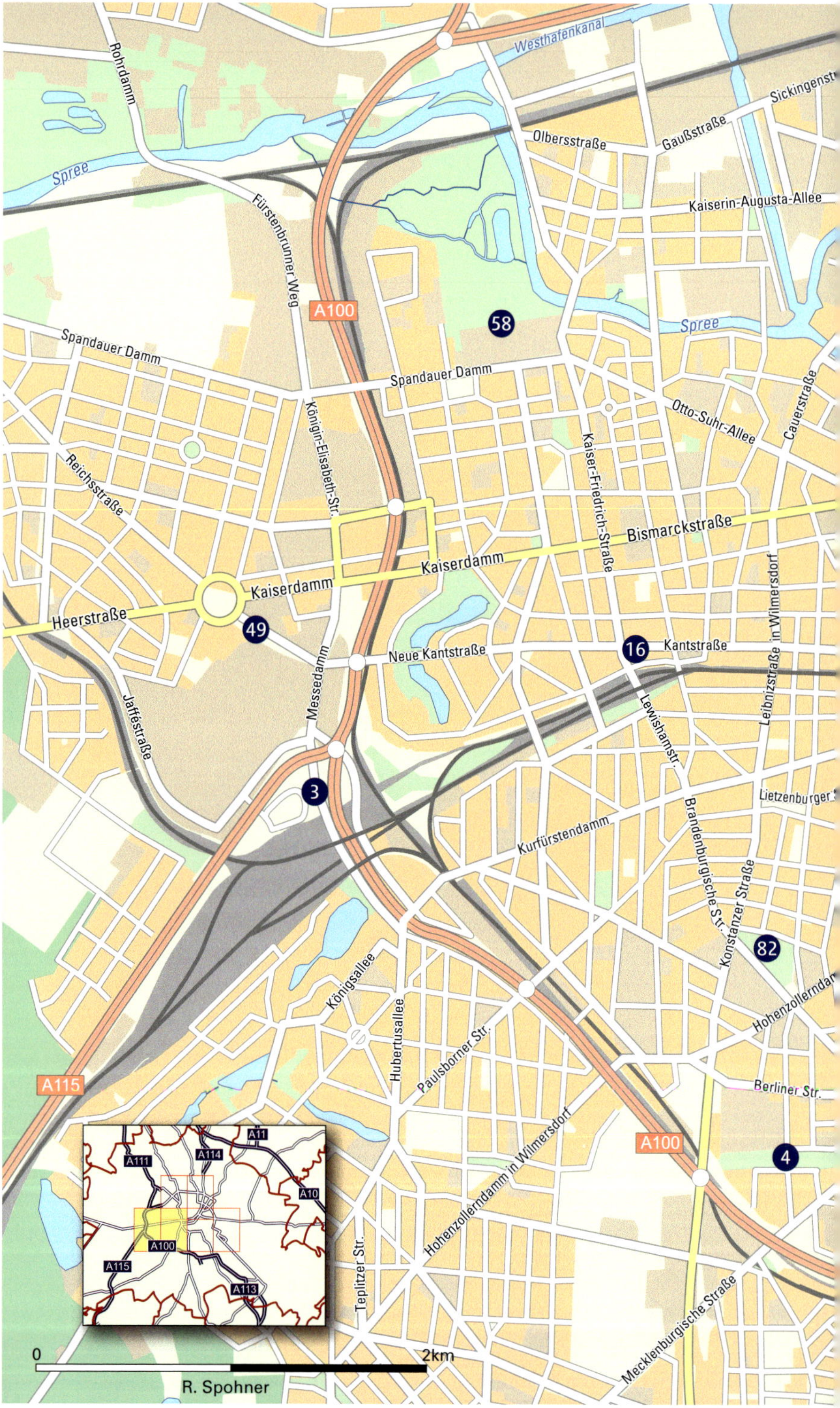
Westhafenkanal
Rohrdamm
Spree
Olbersstraße
Gaußstraße
Sickingenstr.
Kaiserin-Augusta-Allee
Fürstenbrunner Weg
A100
58
Spree
Spandauer Damm
Spandauer Damm
Otto-Suhr-Allee
Cauerstraße
Königin-Elisabeth-Str.
Kaiser-Friedrich-Straße
Reichsstraße
Bismarckstraße
Kaiserdamm
Kaiserdamm
Leibnizstraße in Wilmersdorf
Heerstraße
49
16
Kantstraße
Neue Kantstraße
Messedamm
Lewishamstr.
Jafféstraße
3
Lietzenburger Str.
Kurfürstendamm
Brandenburgische Str.
Konstanzer Straße
82
Königsallee
Hubertusallee
Paulsborner Str.
Hohenzollerndamm
A115
Berliner Str.
Hohenzollerndamm in Wilmersdorf
A100
4
A11
A114
A111
A10
A100
A115
A113
Teplitzer Str.
Mecklenburgische Straße
0
2km
R. Spohner

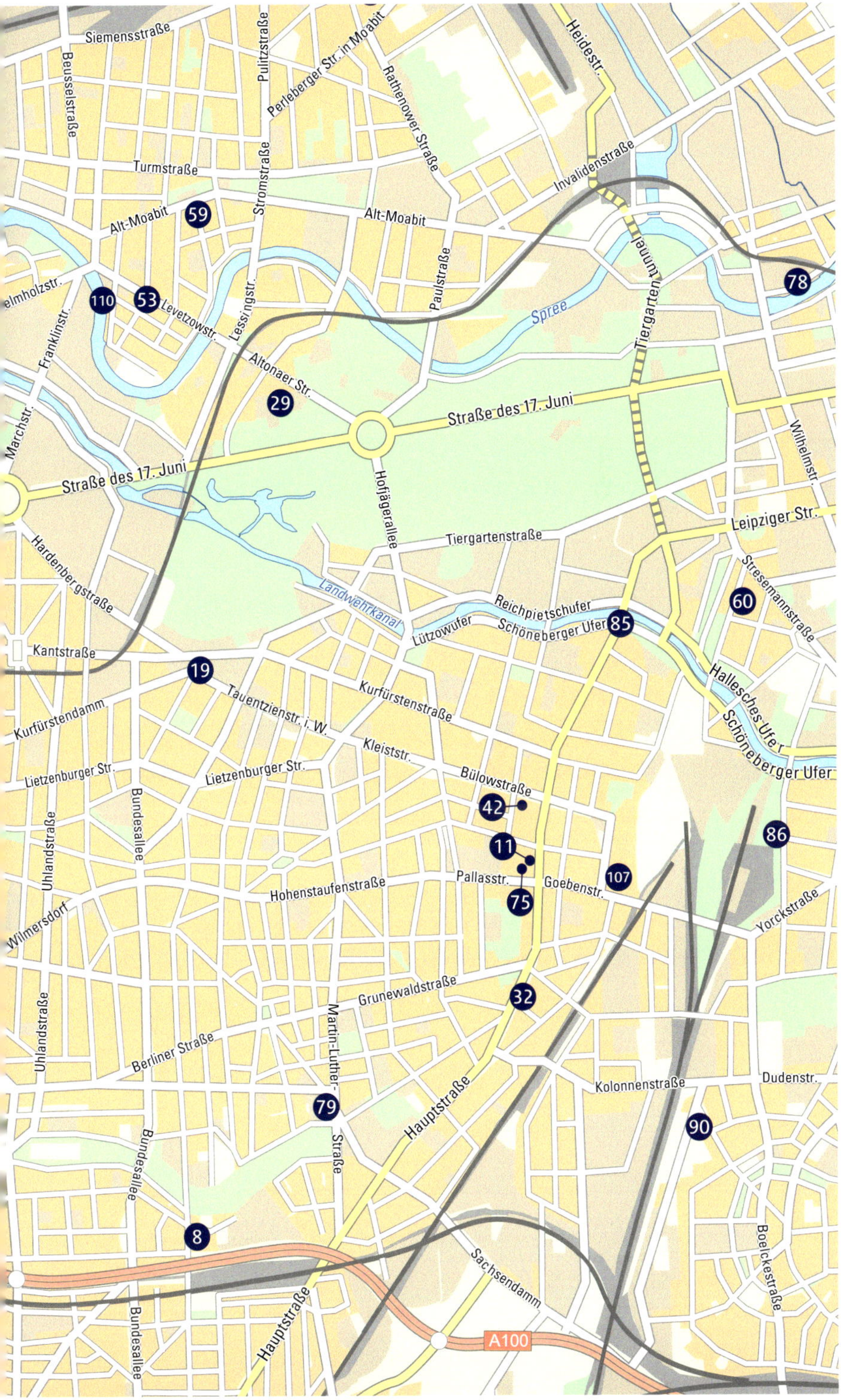
Siemensstraße
Beusselstraße
Pulitzstraße
Perleberger Str. in Moabit
Rathenower Straße
Heidestr.
Turmstraße
Stromstraße
Invalidenstraße
Alt-Moabit
59
Alt-Moabit
Paulstraße
Tunnel
78
elmholtzstr.
110
53
Levetzowstr.
Lessingstr.
Spree
Tiergarten
Franklinstr.
Altonaer Str.
29
Straße des 17. Juni
Marchstr.
Straße des 17. Juni
Wilhelmstr.
Hofjägerallee
Leipziger Str.
Tiergartenstraße
Hardenbergstraße
Stresemannstraße
60
Landwehrkanal
Reichpietschufer
Lützowufer
Schöneberger Ufer
85
Kantstraße
19
Hallesches Ufer
Tauentzienstr. i. W.
Kurfürstenstraße
Schöneberger Ufer
Kurfürstendamm
Kleiststr.
Bülowstraße
Lietzenburger Str.
Lietzenburger Str.
42
Bundesallee
86
11
Uhlandstraße
Pallasstr.
Goebenstr.
107
Hohenstaufenstraße
75
Yorckstraße
Wilmersdorf
Grunewaldstraße
32
Uhlandstraße
Martin-Luther-Straße
Berliner Straße
Kolonnenstraße
Dudenstr.
79
Hauptstraße
90
Bundesallee
Boelckestraße
8
Sachsendamm
Hauptstraße
A100
Bundesallee

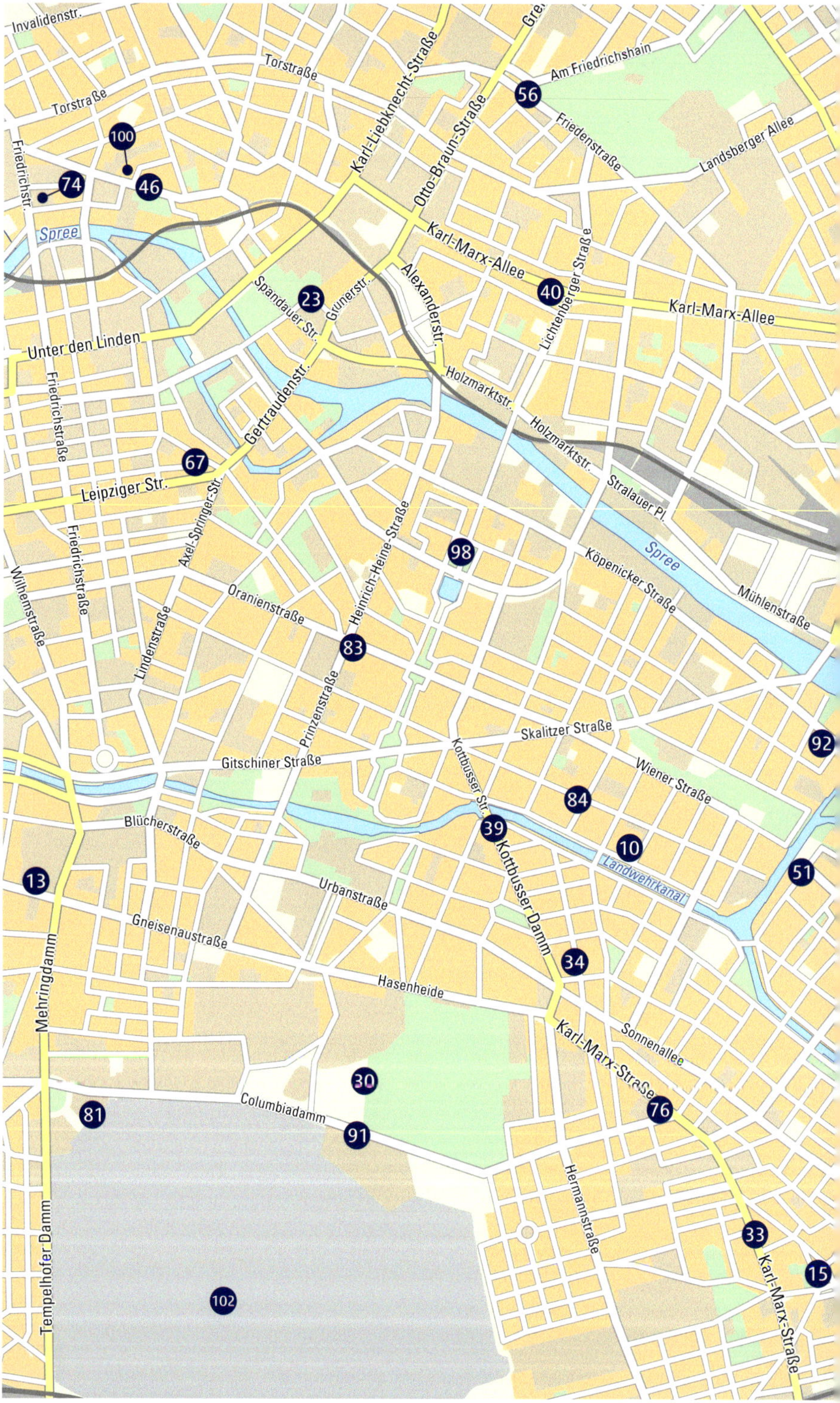

Invalidenstr.
Torstraße
Torstraße
Karl-Liebknecht-Straße
Am Friedrichshain
Friedenstraße
Landsberger Allee
Otto-Braun-Straße
Friedrichstr.
Spree
Karl-Marx-Allee
Karl-Marx-Allee
Lichtenberger Straße
Alexanderstr.
Grunerstr.
Spandauer Str.
Unter den Linden
Holzmarktstr.
Holzmarktstr.
Friedrichstraße
Gertraudenstr.
Stralauer Pl.
Leipziger Str.
Axel-Springer-Str.
Heinrich-Heine-Straße
Spree
Köpenicker Straße
Friedrichstraße
Mühlenstraße
Wilhelmstraße
Oranienstraße
Lindenstraße
Prinzenstraße
Skalitzer Straße
Gitschiner Straße
Kottbusser Str.
Wiener Straße
Blücherstraße
Kottbusser Damm
Landwehrkanal
Urbanstraße
Gneisenaustraße
Mehringdamm
Hasenheide
Sonnenallee
Karl-Marx-Straße
Columbiadamm
Hermannstraße
Tempelhofer Damm
Karl-Marx-Straße
100
74
46
56
40
23
67
98
83
92
84
39
10
51
13
34
30
81
91
76
33
15
102

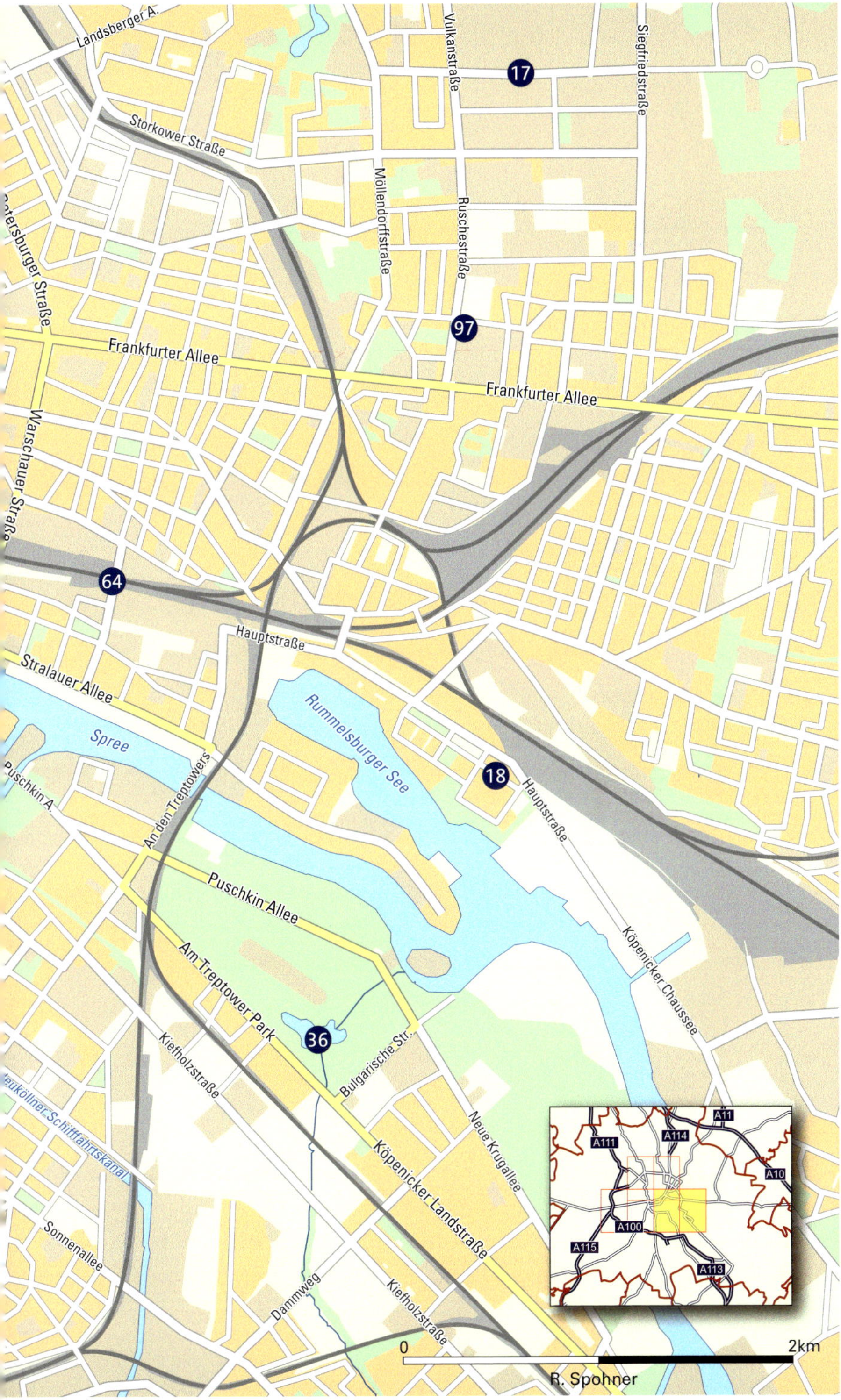
Landsberger A.
Vulkanstraße
Siegfriedstraße
17
Storkower Straße
Möllendorffstraße
Ruschestraße
Petersburger Straße
97
Frankfurter Allee
Frankfurter Allee
Warschauer Straße
64
Hauptstraße
Stralauer Allee
Rummelsburger See
Spree
18
Hauptstraße
Puschkin A.
An den Treptowers
Puschkin Allee
Köpenicker Chaussee
Am Treptower Park
36
Bulgarische Str.
Kiefholzstraße
Neuköllner Schifffahrtskanal
Neue Krugallee
Köpenicker Landstraße
Sonnenallee
Dammweg
Kiefholzstraße
A111
A114
A11
A10
A100
A115
A113
0
2km
R. Spohner

Lucia Jay von Seldeneck ist in Berlin geboren und aufgewachsen. Nach diversen Studien- und Auslandsaufenthalten war sie zunächst als Journalistin und PR-Managerin tätig. Daneben publizierte sie unter anderem eine Reihe von Büchern mit Berlinbezug. Heute arbeitet sie als freie Autorin. Sie lebt mit ihrem Mann und drei Kindern in Berlin Kreuzberg. Wenn man sie dort nicht trifft, dann ist an einem der 1.001 Seen, die man in einer Stunde von Berlin aus erreichen kann.

Verena Eidel ist freie Fotografin und Grafikerin. Sie war schon immer von dem eigenwilligen Charme ihrer Geburtsstadt fasziniert. Als eine Großstadt im Abseits definierte sich Berlin nach dem Fall der Mauer in atemberaubendem Tempo komplett neu. Wie schon so oft davor. Eine Stadt in andauernder Bewegung – so wird Verena Eidel selbst als Berliner »Urgestein« nicht müde, hier auf Entdeckungsreise zu gehen.

Carolin Huder lebt seit ihrer Kindheit in Berlin und ihr ist seit jeher bewusst, wie viel Potenzial in dieser Stadt steckt. Sie ist diplomierte Geographin und Kulturmanagerin und hat während ihrer langjährigen Arbeit in der Berliner Künstlerszene viele Kontakte geknüpft und spannende Kultur-Projekte begleitet – und ist beeindruckt von den Menschen und ihren Ideen.